서울대학교 일본연구소
교양 도서 **1**

# 나치독일의 일본 프로파간다

저자 이경분

제이앤씨
*Publishing Company*

# '부지런한' 전문 지식과
# '예리한' 지적 호기심이 만나다

1990년대 이후 한국의 일본연구는 다양한 전문분야로 확대되었고, 대중적 저변도 확장되었다. 대학의 일본학과 및 일본연구자가 늘어나 연구영역의 전문화가 촉진되었으며, 일본사회와의 인적·문화적 교류 및 정보소통도 활발해졌다. 그러나 학술적 전문영역과 대중적 일본이해 사이의 소통구조는 여전히 삐걱거리고 서로의 신뢰를 쌓아나갈 기회는 충분치 않다.

학술연구는 전문가 집단의 비평적 눈을 통해 완성도를 높여 간다. 그리고 잘 다듬어진 연구는 현실의 복잡한 시선과 다양한 수요에 부딪치면서 새로운 부가가치를 창출해 간다. 때문에 부지런한 연구자들은 예리한 지적 호기심으로 충만한 대중과의 만남을 두려워하지 않는다.

서울대 일본연구소에서는 전문 지식과 지적 호기심의 생산적 결합을 위해 〈일본교양도서〉를 기획하였다. 〈일본교양도서〉는 일본과 관련된 폭넓은 정보와 새로운 쟁점이 끝없이 샘솟는 터전이고자 한다. 일본연구의 다양한 결실이 새로운 교양의 지표로 거듭날 수 있도록 〈일본교양도서〉의 문은 언제나 열려 있다. 국경과 소속, 전문 분야를 넘어 폭넓은 일본 관련 연구자들이 참여하고 대중의 관심을 얻는 자리에 여러분을 초대한다.

만들어진 아르놀드 팡크(Arnold Fanck)의 영화 〈사무라이의 딸(Die Tochter des Samurai)〉에서도 여성적인 기모노와 사꾸라, 게다와 일본식 정원은 빠지지 않고 독일 관객의 동양적 신비함을 자극한다. 물론 이 영화는 직접적으로 프로파간다를 내세우는 문화영화가 아니라, 사랑의 갈등과 화해를 스토리로 내세우는 극영화이다. 하지만 만주에로의 이주를 이상적으로 그리는가 하면, 독일프로파간다에서 중요시하는 '피와 땅'(Blut und Boden)에 높은 찬사를 바치는 은밀한 의미에서의 선전영화이다. (참고로 이 영화는 같은 해 〈새로운 대지(新しき土)〉라는 타이틀의 일본어버전으로 아주 잠시 상연되었으나 큰 반응을 얻지 못했다.)[2]

주인공 사무라이의 딸 미치코 역은 유명한 일본의 여배우 하라 세츠코(原節子)가 맡았다. 교양이 가문의 전통인 사무라이 집안의 딸답게 미치코가 꽃꽂이나 자수놓기, 차도, 활쏘기, 고토 연주하기 등의 일본전통문화를 열심히 배우는 장면이 나온다. 뿐만 아니라, 피아노치기, 수영, 노젓기, 독일어 배우기 등 서구적 교양도 훈련받는데, 전

---

2) 野村光一, "「新しき土」とその音楽", 『音楽評論』(1937/3), 34-35쪽. 일본어 버전은 도쿄필름센터에 소장되어 있어서 그곳에서 관람할 수 있다.

혀 어색함이 없다. 그럼에도 불구하고, 영상 전반에는 사무라이의 딸=일본여성=가냘픔=기모노라는 이미지의 도식이 지배적이다. 오랫동안 기다려왔던 약혼자 데루오를 만나는 날, 사무라이의 딸은 그와 함께 온 독일여성을 보고는 충격과 실망으로 (어떤 저항의 제스처도 없이) 그냥 계단에서 '푹' 쓰러진다. 결국 영화의 후반부에서 사랑하는 약혼자를 독일여성에게 빼앗겼다고 생각하며 화산이 폭발하는 험난한 산에 죽으러 올라 가는데, 이때도 역시 기모노를 입고 간다. 결혼식 때 입으려고 마련한 멋진 새 기모노를 보따리에 싸들고서. 가냘프며 연약하고 순종적인 일본여성에 대한 이미지는 아무리 모던한 서구문명을 배우고 익혔어도 변하지 않고 그대로 고정되어 있음을 볼 수 있다. 영화는 영화라고도 할 수 있겠지만, 일본인을 본 적도 일본에 가 본 적도 없는 대다수 독일인에게 이런 일본 영화의 이미지가 주는 위력은 엄청났다고 할 수 있을 것이다.

그런데, 이러한 일본 이미지는 독일과 일본이 동맹국으로 전쟁을 하게 될 때, 어떻게 되는가 하는 문제가 생긴다. 전쟁프로파간다는 잔인하고 거칠고 폭력적인 강한 남성적 이미지를 수혈하여 에너지를 얻는다고 할 수 있다면, 여성적이고, 에로틱하며 섬세한 일본이미지는 전쟁이라는 새로운 환경에서 어떻게 적응하고 변모했는가? 더욱이 나치 독일의 인종이데올로기는 또다른 문제를 야기한다. 이에 따르면 아리아인이 최고의 인종이고, 황색인종인 아시아인은 저급한 인종이다. 저급인종을 상대하면 아리아 인종이 더럽혀진다는 것이 핵심논리이다. 일본과의 동맹국 체결은 논리적으로 인종이데올로기에도 모순이 된다. 히틀러는 이 문제가 거론될 때마다 '황인종'과 동맹을 맺는 것이 "조금 유감이라는 뜻을 표했다"고 한다.[3]

피와 외형이 인간을 규정하는 중요한 카테고리가 되어버린 독일에서 이런 저런 이유로 살고 있었던 일본인들과 일본 혼혈인은 전쟁이 터지면서 어떤 변화를 겪어야 했는가? 북구적 아리아인이 아닌 저열한 인종은 학살을 해도 괜찮다는 식의 광신적 인종 차별자들이 지배하는 나치제국에서 황색인종인 일본인은 어떻게 취급되고 구별지워졌는가? 멀리 있을 때에는 추상적이어서 신비하고 엑조틱하게 상상할 수 있지만, 실제적인 일상에서 똑같은 인간으로 생활할 때, 독일인들은 일본인을 어떻게 취급했

---

3) 알베르트 슈페어, 『기억. 제3제국의 중심에서』 (김기영옮김), 마티 2007, 217. 전쟁과 동맹체결은 어차피 논리적으로 약한 인종이론에 혼란을 가져오며, 실제 정책을 복잡하게 만들지 않았을까 생각된다.

는가? (나치제국에서 모든 인종의 혼합은 부정되어야하고 비난받아야 마땅한 일이었듯이) 아리아인과 아시아인의 결혼도 원칙적으로 금지되었는데, 제2차 대전 발발 후, 일본이 독일제국의 전쟁동맹국으로 파트너가 되었을 때는 그 영향이 어떻게 나타나는가?

이러한 질문으로 시작하는 이 책은 나치제국에서 행해진 일본프로파간다의 다양한 모습을 그려보고자 한다. 먼저 제1장에서는 일본혼혈인과 일본인이 새로운 나치정권하에서 어떤 부정적인 변화를 겪게 되었는지 살펴보고, 제2장에서는 전쟁으로 인해 일상에서 차별받던 일본인에 대한 이미지가 어떻게 달라지는 지를 서술 할 것이다. 제3장에서는 군사적 동맹국 간의 결속을 다지는 음악문화행사에서 연주되는 일본아악 〈에텐라쿠〉의 역할과 일본음악가의 독일제국음악협회 회원등록을 통해서 전쟁 중 일본제국은 어떤 식으로 음향화되고 선전되었는지, 이때 인종이데올로기와 실제의 간극이 어떻게 표출되는지 알아본다. 마지막 제4장에서는 1942년 베를린에서 개최되었던 만주국 건국 10주년 기념연주회가 실제로는 일본제국과 나치제국의 동맹국 프로파간다를 위한 것이 아니었는지를 밝혀내고자 한다.

이런 의문을 풀기 위해 나치제국의 국가첩보원(SD=
Sicherheitsdienst)이 작성한 비밀문서『제국으로부터의 소
식(*Meldungen aus dem Reich 1938-1945*)』을 먼저 살펴보
았다.『제국으로부터의 소식』은 신분이 철저하게 은폐된
SS(친위대원)스파이가 국가 정책과 전쟁에 대한 시민들의
여론을 객관적으로 파악하기 위해, 술집이나 식당, 직장
과 공장 등에서 사람들이 하는 말들을 은밀하게 관찰하
여, 1939년 겨울부터 매주 3회, 1940년 5월부터 1943년 여
름까지는 매주 2회, 각 분야별로 작성한 문서이다. 하지만
전체적으로 볼 때, 이 문서에서 일본에 관한 언급은 매우
드물다. 그러므로 1942년 8월 11일자 문화항목에 일본에
관한 심도 있는 보도가 있는 것은 특별한 의미로 다가온
다.「시민들이 일본에 대해 가지는 견해(Die Sicht Japans
in der Bevölkerung)」[4]라는 제목으로 수록되어 있는 이 문
서를 집중적으로 분석하였다.

무엇보다 중요한 문서는 독일의 코블렌츠(Koblenz)
연방문서보관소의 "독일협회(Deutsch-Japanische
Gesellschaft)"자료이다. 1933년부터 1945년까지 독일에서

---

4) Heinz Boberach (ed.), *Meldungen aus dem Reich 1938-1945: Die
   geheimen Lageberichte des Sicherheitsdienstes der SS* (Herrsching
   1984), 9권, pp.4042-4047.

의 일본관련 문제와 문화정치 행사에 관해 풍부한 정보를 제공하는 이 자료에서 인종차별 문제와 프로파간다 연주회 행사에 관한 단서를 얻을 수 있었다. 구체적으로 말하면, 인종차별을 당한 재독 일본인과 독일-일본혼혈에 관한 문서(R64IV/30, 31권), 1942년 9월 18일의 만주국 건국 10주년 기념연주회 (R64IV/63권, 90권, 180권, 210권)가 그 것이다. 특히 만주국 연주회는 위에서 언급한 「시민들이 일본에 대해 가지는 견해」와 시기적으로 가장 가깝고 일본/만주국의 관점에서도 비중이 큰 문화 행사였으므로, 일본, 만주, 독일 3국의 프로파간다를 잘 관찰해 볼 수 있으리라 사료되기 때문이다.[5]

또한 독일 뉴스 릴 〈디 도이체 보헨샤우(Die Deutsche Wochenschau)〉에서 일본에 대한 보도가 있는 부분(특히 1

---

5) 지금까지 독일학계에서 독일과 일본의 관계에 대한 선행 연구 중 그나마 활발한 영역은 제2차 대전 시기일 것이다. 나치제국과 일본제국의 (삼국)동맹관계는 독일 쪽의 관점에서 그나마 흥미 있는 주제로 연구되고 있다. 하지만 지금까지 실제 독일연방문서보관소의 1차 자료를 사용하여 일본에 대한 나치제국의 이데올로기와 프로파간다 정책의 간극을 밝힌 연구는 눈에 띄지 않는다. 물론 독일연방문서보관소의 1차 자료를 활용한 연구서로서 권터 하쉬(Günther Haasch (ed.)의 『독일협회 1888-1996 (*Die Deutsch-Japanischen Gesellschaften 1888-1996*)』이 있지만, 이 것은 독일협회의 정체를 밝히기 위한 연구이지, 이데올로기와 프로파간다의 간극을 밝히는 연구는 아니라 할 수 있다.

941-1944년: 545, 547, 548, 600, 635, 648, 653, 658, 662, 717
번)과 문화영화를 연구하였다. 이 영상자료는 일본을 대
하는 독일매체의 태도 뿐 아니라, 일본이미지를 연구하는
데 흥미로운 실마리를 제공해 준다.

일본어자료로서는 먼저 구니 마사미(邦正美)의 『베
를린 전쟁(ベルリン戦争)』을 참고하였다. 구니 마사미는
1936년 유학생으로 독일에 와서 1945년까지 베를린에 거
주했던 무용가인데, 『베를린 전쟁』은 자신의 일기를 바탕
으로 서술한 책이다. 주관적인 서술이긴 하지만 일상적인
차원에서 어떻게 일본인이 나치독일을 경험했는지 보여
주는 흥미로운 자료이다. 또한 1930년 비인으로 유학 가
서 전쟁기간 독일에서 나치 엘리트들과 교류했던 성악가
다나카 미치코(田中路子)의 인터뷰, 일본제국의 '음악적
외교관'으로 활동했던 지휘자 고노에 히데마로(近衛秀麿)
의 인터뷰 및 회고록 등을 참고로 하였다.[6]

---

6) 자료의 도움을 주신 비인 심포니 오케스트라 문서보관소의 에른
  스트 코바우(Ernst Kobau) 박사, 도쿄대학의 헤르만 고체프스키
  (Hermann Gottschewski) 교수, 일본의 양악문화사연구회(洋樂文
  化史研究会)의 요시하라 준(吉原潤)씨, 도쿄예술대학의 와다 치
  하루(和田ちはる) 박사, 도쿄대학 박사과정의 시라이 푸미토(白
  井史人)군 그리고 베를린의 독일연방문서보관서 담당관에게 감
  사드린다.

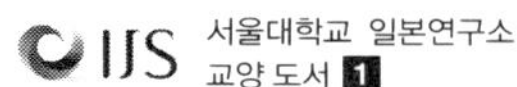
IJS
서울대학교 일본연구소
교양 도서 1

제1장

# 나치제국에서 차별받는 '열등한' 일본인

● 모순적이고 문제 많은 인종법은 수많은
예외를 허용하면서 독일 사회 전반에
무서운 편견으로 자리 잡아갔다.
그런데, 인종이데올로기는 나치의 새로
운 고안품 중에 가장 문제가 많고 논리
가 빈약했던 것이지만, 독일의 일상 속
에서는 (특히 젊은 층에서) 빠른 속도로
자리 잡았다.

# 나치제국에서 차별받는 '열등한' 일본인

나치제국이 들어서기 훨씬 이전부터 독일인들이 일본인에 대해 가졌던 편견 중에는 '황색 위험(Gelbe Gefahr)'이라는 말이 있었다. 이 말은 일본인뿐 아니라 낯선 아시아인 전반에 대한 두려움과 경계심의 표현이기도 하다. 지금은 전 세계에 '황색 폭풍'을 불러일으키는 중국인이 '황색 위험' 중에서도 대표격이라 할 수 있겠지만, 1920년/1930년대에는 아시아에서 침략전쟁을 일삼고 공격적인 힘을 과시하던 일본인이 그러했다. 당시 나치제국의 독일인들의 입에서는 '일본인은 졸부, 벼락부자, 크게 된 소인(小人)'이라고 하거나, '일본이 덤핑으로 전 세계를 기습하리라' 또는 '일본이 독일의 도움으로 대동아 제국을 건설했다'라는 말도 있었다.[1] 독일인들은 한편에서는 급부상

---

1) 독일 코블렌츠 연방문서보관소 R 64IV/30, pp.26-27.

하는 일본의 힘을 부러워하면서 동시에 시기하였지만, 다른 한편에서는 어머니가 일본인이라는 이유로 독일국적의 아들, 딸을 직장에서 해고하는 등, 인종적 차별을 적나라하게 표현하기도 했다.

## 1. 차별받는 독일-일본 혼혈인

나치독일과 일본제국이 제2차 대전 중 정치적, 군사적으로 협력하기 위해 독. 이. 일 삼국동맹을 구축했던 역사적 사실은 나치제국의 정책 중에 핵심 이데올로기인 인종문제의 측면에서 보면, 그리 간단한 문제가 아니었다. 1933년 나치당이 집권한 후, 독일 인종을 '건강하게 보존'하기 위해, '저열한 인종' 또는 결함이 있는 인간을 살해할 수 있도록 법적으로까지 허락하지 않았는가. 정신병자나 신체적 장애자, 동성연애자 등은 독일인이라 해도 가스실에서 살해되었다.[2] 1935년 나치는 아리아인이 아닌 인종과의 결혼을 금지하는 '뉘른베르크 인종법'을 만들어 (9월 15일 통과시킴) 나치인종정책의 법적인

---

2) 데이비드 웰시(최용찬 옮김),『독일 제3제국의 선전정책(원제 *The Third Reich: Politics and Propaganda)*』(혜안:서울 2000), 111쪽.

근거를 마련하였다.

당시 뉘른베르크에서 이 과정을 지켜보았던 베를린 독일(獨日)협회(Deutsch-Japanische Gesellschaft)3)의 일본 총무 사카이 나오에4)는 "나치당은 '나치가 아니거나 아리아인이 아니면 인간도 아니다'라고 한다…오늘은 유대인이 차별의 대상이 되고, 내일은 폴란드인이, 아마도 모레는 일본인이 그렇게 될 지도 모른다"5)라고 말했다. 물론 학살을 당했던 유대인과 폴란드인에 비하면 일본인은 비교하기 힘들 정도로 우대를 받았다고 할 수 있지만, 당시 독일제국에서 일본인이 느끼는 존재적 위기감이 어느 정도였는지 알 수 있게 만드는 대목이다.6)

1933년 나치정권이 들어서자 독일 이곳저곳에서 유대인과 '유색'인종 (아시아인) 및 혼혈인들이 큰 어려움을

---

3) 일본에는 일독(日獨)협회(Japanish-Deutsche Gesellschaft)가 있다.
4) 독일문서에 나타나는 일본이름은 정확한 일어 원명을 알 수 없다.
5) Günther Haasch (Hg.), *Die Deutsch-Japanischen Gesellschaften 1888-1996* (Berlin 1996), p.208.
6) 독일에서 위협을 느끼는 일본인들의 입장을 대변하여 독일협회의 후원으로 요한 폰 레어스(Johann von Leers)가 일본인 차별에 항의하는 문건을 작성하여 1934년 나치정당간부에게 보냈다. Friese, Eberhard. "Das deutsche Japanbild 1944 - Bermerkungen zum Problem der auswärtigen Kulturpolitik während des Nationalsozialismus", Josef Kreiner (ed.), *Deutschland-Japan: historische Kontakte*. Bonn 1984, p.270.

겪게 되었다. 1936년 1월 5일, 독일－일본 혼혈아가 독일 협회에 보낸 문서에 다음과 같은 내용이 있다.

"제 아버지는 20년간 네덜란드령 인도의 농장경영을 했는데, 거기서 일본인인 어머니와 결혼했습니다. 어머니는 아버지와 함께 약 40년전에 독일로 되돌아오셨지요. 그 이후 제 부모님은 지속적으로 독일에서 사셨습니다. 어머니는 우리들을 오로지 좋은 독일인이 되도록 교육을 하였고, 오로지 독일어만 배우도록 했습니다. 오빠는 1914년 8월 전쟁지원자로 신청하여 전쟁기간 내내 전방에서 싸웠지요. 아버지는 오랜 병환으로 1925년 돌아가셨습니다. 당시 그가 남긴 우리의 재산은 꽤 많았으나 인플레이션으로 다 사라져버렸습니다.

저는 지금 어머니와 함께 살고 있는데, 1925년이래 나치당을 지지했고,...우리는 지금 살고 있는 도시의 동부 지역에서 1930년 SA가 행진할 때 나치깃발을 내달았던 유일한 주민이었습니다. 나치운동의 투쟁은 당시에 유대인에게만 해당하는 것이었습니다. 그 당시에는 항상 유대인에 대한 투쟁이라고들 했습니다. 한 번도 비아리아인에 대한 투쟁이 아니었습니다. 1933년 아리아인 법령이 나온 이후 어머니와 저는 퇴직 공무원 부부로부터 항상 이런 말을 들어야 했지요. '아시아인, 독일과 일본의 짬뽕, 아프리카 중국인, 너와 관계하는 것은 인종을 더럽히는 것이다', 또 더 심하게는 제 어머니에게 '(더러운)아시아애미, 일본인 꺼져버려' 등으로 욕했습니다. 그들은 이런 말을 길에서 우리 등 뒤에다 마구 퍼부어댔습니다.

지금까지 우리는 독일인인 것에 항상 자랑스러워했고, 독일인처럼 행동하였습니다. 이전에는 독일적인 것이 무엇인지 전혀 모르던 인간들이 이제 우리를 욕하고 경멸할 수 있게 되었습니다. 저는 이제 비독일인이라 칭해졌고, 자주 외국여자라는 소리를 듣게 되었습니다. 이런 모든 이유로 해서 이제 저의 약혼마저 깨어져버렸어요...약혼자를 10년전부터 알고 있었고 6년이상 그와 결혼을 약속한 사이였었는데 말입니다.

저와 어머니에 대한 모멸의 욕설에 대해 우리가 스스로를 보호할 수 있도록 그리고 법정의 도움을 받는 데 필요한 신분증, 또는 우리가 독일인이라는 증명서를 -제가 결혼할 수 있도록 - 교부받게 해 주실 수 없으신지 부탁드리고자 합니다....

우리가 살고 있는 이 도시에서는 욕설과 경멸에 찬 소문이 재빨리 퍼져서 제가 일자리를 얻는 것은 불가능하게 되어버렸습니다. 어떤 때는 제가 (어처구니없게도) 유대인처럼 보이지 않는다고 말하는 사람도 있었어요. 이를 통해서 볼 때 소문이 얼마나 위험한지, 사람들이 비아리아인이라면 오로지 유대인으로만 이해하니까요... 제가 살기 위해 절박한 상황이 아니라면, 이렇게 부탁을 드리지는 않을 것입니다.”[7]

---

7) 베를린의 독일협회에 보낸 청원서(1936. 1. 5.), BA R64 IV/31 (독

　　이 청원서를 분석해 보면 인종적 아이덴티티와 관련하여 여러 가지 흥미로운 사실을 알 수 있는데, 이를 3가지로 정리해 볼 수 있다.

　　첫째, 독일인들 사이에서 비아리아인과 유대인과의 개념에 혼동이 일어나고 있는 것을 알 수 있다. 나치스의 인종 구분을 보면 가장 높이 평가되는 인종은 북구적 아리아인, 가장 밑바닥을 차지하는 인종이 유대인과 집시(신티와 로마)이다. 이들은 정착하지 않고 이곳 저곳 유랑하는 족속으로 문화를 파괴할 위험이 매우 크다고 여겨졌기 때문이다. 아리아인과 유대인 사이에도 여러 계층의 구분이 있는데, 대체로 이탈리아인과 같은 남방계(라틴계) 인종, 슬라브계/아시아인(슬라브계와 아시아인이 거의 같은 수준임), 흑인의 순이었다. 물론 이 구분은 이론적으로나 실제적으로 철저하고 일관성이 있는 것은 아니었다. 어차피 인종이론은 문제가 많은 비합리적인 것이었으므로, 체계적 이론의 성립이 어려웠기 때문이다.

　　그래서인지 일반인들에게는 세심한 구분보다 비아리아인=유대인이라는 식의 단순한 도식이 오히려 통용되고 있음을 위의 글에서 알 수 있다. 이러한 혼동은 교육수준

일 코블렌츠 연방문서보관소), pp.112-114 (이경분 번역).

이 낮은 하층민의 경우에 국한 되었던 것만은 아니었으리라 추측된다. 그 한 예로 라이프치히 대학에서는 독일-일본 혼혈학생들이 대학의 학생회로부터 유대인과 똑같은 학생카드를 받았다는 기록이 있다. 이유는 어머니가 '유색인종에 속한다'는 것, 즉 '비아리아인'이기 때문이었다.[8]

둘째, "좋은 독일인"이라는 자부심[9]을 강조하는 이 청원자는 나치스의 반유대주의에 대해서도 잘 알고 있었그, 자신이 "1930년 SA(나치 돌격대원)가 행진할 때 나치 깃발을 내달았던 유일한 주민"이라고 강조하는 것으로 보다 그 역시 반유대주의적 생각을 가지고 있었을 가능성이 크다. 진심으로 나치당을 추종하는 지지자임을 피력하여 나치정부의 도움을 받고자 하는 의도가 느껴진다. 하지만 나치들에게는 독일인의 '순수한 피'를 가지지 않은 자는 아무리 충성하고 아첨해도 (아주 특별하고 중요한 극소수의 경우를 제외하고) 소용이 없음을, 또한 어떤 혼합이든 인종혼합은 "원치 않는다(unerwünscht)"는 나치원칙의

---

8) BA R64 IV/31, pp.44-46.
9) 대체로 독일계 유대인 대다수는 "존경받는 중산층"이었다. 공산주의나 사회주의보다 오히려 민족적 보수당을 지지하였고, 스스로 '좋은 독일인'으로 여겼던 극진한 '애국자'들이 많았다. 최창모, 『기억과 편견 - 반유대주의의 뿌리를 찾아서』(서울: 책세상 2004), 106쪽.

심각함을 이해하지 못하고 있는 눈치이다. 마치 유명한 유대인 테너 리하르트 타우버(Richard Tauber)가 나치신문의 반유대적 비판에 견디다 못해 히틀러에게 이를 호소하는 편지를 썼던 것과 비슷하다.[10]

나치당원이었던 한 독일인은 장모가 일본인이라고 해서 나치당에서 제적당하는 일도 있었다. 뿐만 아니라, 1920년대부터 나치추종자였던 초창기의 나치당원마저도 아버지가 일본인이라는 이유로 나치당에서 배제 당했다고 보고되어 있다.[11]

셋째, 유대인의 경우 뿐 아니라, 혼혈일 경우에도 결혼하는 데 불리했음을 알 수 있다.[12] 1935년의 뉘른베르

---

10) 이경분, 『망명음악 나치음악 - 20세기 서구 음악의 어두운 역사』 (서울: 책세상 2004), 24쪽.
11) Günther Haasch (Hg.), *Die Deutsch-Japanischen Gesellschaften 1888-1996*, 212쪽. Friese, Eberhard. 1994. "Das deutsche Japanbild 1944 - Bermerkungen zum Problem der auswärtigen Kulturpolitik während des Nationalsozialismus", p.270.
12) 나치의 젊은 엘리트집단이라고 할 수 있는 SS대원의 경우에도 인종보존의 법령에 따라 결혼의 문제가 골치아픈 일이었다. 아리아인이 아닌 여성과는 결혼하지 못하게 한 원칙 때문에 SS대원 중에는 SS에서 탈퇴해버리는 경우가 자주 있었다. 따라서 이 원칙은 말대로 실천되지 못하였고 후에는 권고사항으로 바뀌었다. Gudrun Schwarz, "Siegfried und Brunhild. Ein Herrenmeschenpaar", Saul Friedländer/Jörn Rüsen, *Richard Wagner im Dritten Reich* (München 2000), pp.251-259.

크법에 따라 아리아인은 비아리아인과의 결혼이 금지되었으므로, 위의 청원서에서도 언급되었듯이, 파혼되는 경우도 많았다. 특히 여자의 경우보다 남자의 경우에 결혼은 더 까다로워서 내무부의 지시에 따라 인종연구소에서 '인종생물학적' 추천서를 제출해야 했다.[13] 결혼과 같은 일상에서의 어려움 때문에 "모국에서 3등급 시민"이 되느니, 차라리 망명을 가는 것이 낫다고 여기는 혼혈 청년도 있었다.[14]

결국 위의 여성 청원자는 독일협회의 도움으로 제국 외무부에 증명서를 신청하였는데, 1936년 1월 22일자 관청의 답변은 신청자가 비아리아인이라면, (독일인 피를 가졌다는) 아리아인 증명서를 받을 수 없다는 것이었다. 하지만 여러 가지 애로사항이 있을 경우, 예를 들면 비아리아인이라는 이유로 일자리를 얻을 수 없게 될 때, 특별

---

13) 1936. 7. 25. 신청하여 1937. 5. 12 받은 결과. BA R64 IV/31, p.295. 더욱이 1941년 12월 1일부터는 혼혈이나 비아리아인 뿐 아니라, 아리아인도 결혼할 때 보건부에서 "결혼하는 데 하자가 없다"는 증명서를 발급받아 제출해야만 결혼이 가능했으므로 혼혈 독일인은 결혼하기에 이중으로 까다롭고 불리하게 되었다. Christian Zentner (ed.), *Der Zweite Weltkrieg, Texte, Bilder, Karten, Dokumente, Chronik* (München 연도없음), p.672.
14) 독일협회에 쓴 문서 (1939. 7. 12.), BA R64 IV/31, p.278. 어차피 혼혈이라는 이유만으로 독일제국에서는 개인의 사회적 인간적 행위와 상관없이 열등하게 취급되었던 것이다.

증명서를 신청 할 수 있다는 내용이었다.[15]

## 2. 일상 속의 재독 일본인

하지만 인종법이 항상 철저하게 시행된 것이 아니라, 각 지역에 따라, 또 각 경우에 따라 예외가 있었으므로 일본인과 관련해서 일관된 정책을 말 할 수는 없을 것이다. 그러기에 일본 성악가 다나카 미치코(田中路子)의 경우는 흥미롭다. 부유한 빈의 커피상인과 결혼하였지만, 1941년 이혼하고 베를린의 제국국립극장 배우 빅토르 데 코와(Victor de Kowa)와 재혼하였다.[16] 공군 원수이자 나치 수뇌에 속하는 헤르만 괴링(Hermann Goering)과 매우 친한 사이였던 데 코와는 제국 국립극장의 배우였으므로 국가 공무원이었다. 그러니 '비아리아인'인 일본여성과 결혼하는 것은 문제가 되지 않을 수 없었다. 히틀러와 힘믈러(Heinrich Himmler)는 이 사실을 부정적으로 여기며 결혼에 반대했다고 한다.[17] 구니 마사미는 다음과 같이 서술한다.

---

15) BA R64 IV/31, p.108.
16) 堀内敬三, 「田中路子の音楽遍歴」, 『音楽の友』 1954/4, 107쪽.
17) 괴링은 반대하지 않았다고 한다. 邦正美, 『ベルリン戦争』(東京: 朝日新聞社 1993). 116쪽.

"다나카 미치코는 아리아인이 아니었기 때문이다. 일본인은 몽골족이고, 이민족이다. 국립극장배우가 아리아인이 아닌 이민족여자와 결혼하는 것은 허가할 수 없다. 이것이 나치스당의 규칙이었다. 아무리 일독이(日獨伊)맹국 관계가 되어도 그것은 불가능했던 것 같다."[18]

결국 다나카 미치코는 히틀러 관저에 들락거리는 독일인 의사(슈람 박사)가 불임 수술을 시행한 후에야 데 코와와 결혼할 수 있었다고 한다.[19] 순종만이 가치가 있는 인종이므로, 잡종, 혼종은 무슨 일이 있어도 안 된다는 히틀러의 엄격함을 엿볼 수 있다.

다나카 미치코의 경우가 권력자 총통 주위에서 어떻게 인종정책이 (비공식적인 차원에서) 실행되었는지 보여주는 한 예이라면, 베를린에서 무용을 공부하면서 독일인들과 친밀하게 교류하며 생활했던 구니 마사미의 경험은 일상 속에서 황색인종인 일본인이 어떤 취급을 받았는지 매우 구체적으로 보여준다.

"어느 날, 친구 생일의 파티에 초대되어 갔다. 거기에는 20여 명의 젊은 남녀가 있었다. 펀치나 맥주를 마시

---

18) 邦正美, 『ベルリン戰争』, 117쪽.
19) 邦正美, 『ベルリン戰争』, 117쪽.

고 노래하며 춤추는 흥분된 분위기였다. 그 중에 금발의 젊은 여성이 '축하의 표시야'라고 말하며 그곳에 모여 있던 한 사람 한 사람씩 순서대로 돌아가며 키스를 했다. 그러자 박수갈채가 터져 나왔다. 그런데 내 차례가 돌아왔는데, 그녀는 싱긋이 미소를 지으며 '라센샨데이니까 키스 안 할거야'라고 하며 그냥 지나가 버렸다. 그러자 또 모두가 박수를 치며 와르르 웃었다. 반은 농담으로도 들렸지만, 그러나 실제로 키스를 하지 않았기 때문에 진심도 들어있었던 것이다.

'라센샨데'(인종적 치욕-역주)라는 말을 당시 나는 이미 잘 알고 있었다. 비(非)아리아인인 나와 키스하는 것은 아리아인인 그녀에게 있어서는 '인종적 치욕'이라는 것이다. 저토록 이성적이고 지적인 독일인이지만, 다른 한편으로는 마치 동물처럼 인종으로 똘똘 뭉치고, 인종으로 판단하고, 인종으로 살고자 하는 것이다. 그 후에도 식사를 하든지, 차를 마시든지, 또는 댄스 파티 등에 가면, 나 같은 일본인 얼굴은 보기 힘들었다. 시간이 지나고 모두가 부담 없고 격식 없이 되었을 때 그들은 '자네는 일본인인가? 그런가! 몽골인이네 그려!'라며 물고 늘어졌다. '아시아의 몽골 족이 어떻게 여기 독일에 왔지?'라고 하는 그 이상의 말은 나오지 않았다."[20]

구니 마사미의 회고에서도 여러 가지 흥미로운 사실

---

20) 邦正美, 『ベルリン戦争』, 57-58쪽.

들을 읽어낼 수 있다. 무엇보다도 인종이데올로기의 관점에서 독일인들이 일본인을 황색인종, 여기서는 '몽골족'으로 열등하게 취급하고 있음은 의심의 여지가 없어 보인다. 친구사이의 육체적 접촉마저 피하는 차별은 사적인 생일파티에서 벌어진 일이긴 하지만, 인종이데올로기가 젊은 독일인들의 머리 속에 뿌리박혀 있음을 암시한다. 이것은 앞서 언급된 파혼이나 실직 또는 불임수술과는 비교가 안 되는 사소한 차원으로도 볼 수 있을 것이다. 그럼에도 불구하고 나치제국에서 어떻게 인종이데올로기가 사적 영역에서 타자를 설정하고 배척하는 기제로 작동했는지 구체적으로 보여주는 예라 할 수 있다.

## 3. 비논리의 논리와 인종적 편견의 확산

독일이 일본, 이탈리아와 삼국 동맹을 맺게 되는 1940년이후, 그런대로 일본인에 대한 차별이 조심스러워질 수 밖에 없는 상황이 되었다. 하지만 그럼에도 구니 마사미가 겪었던 것처럼 생일파티에서 일본인은 여전히 일상 속에서 차별을 느끼지 않을 수 없었다. 인종이데올로기와 국가간 외교관계의 불일치는 나치제국시기 내내 잡음을 내었고, 혼란을 가져왔다.

골수 나치 하인리히 힘믈러에게 열등한 아시아인종과의 동맹관계는 큰 고민거리였던 모양이다. 얼마나 고심했던지 궁여지책으로 자기 휘하의 SS 비밀경찰고관을 베를린의 일본연구소에 보내어 "금발에 파란 눈동자의 젊은 사무라이 사진을 찾아내라고 명령"하였다 한다.[21] 이는 "일독 동맹이라는 결성이 나치스의 인종정책에 합리적이라는 것을 증명하고 나치당원들을 납득시키기" 위해 힘믈러가 생각해낸 계략이었다.[22] 그러나 당연하게도 베를린의 일본연구소 소장인 라밍교수는 엉터리 같은 소리 하지 마라며 SS장교를 내쫓아버렸다는 일화가 있다.[23]

물론 1935년 뉘른베르크 인종법 공포이후, 일본인에 대한 차별로 인해 여러 가지 불평이 나오자, 인종학 학자들사이에서 일본인에 대한 인종적 재평가를 시도하지 않았던 것은 아니다. 일본과 관련 있는 자리에서는 '일본인도 유색인종으로 보아야 하는가'라는 물음에 대한 열띤 토론도 있었다. 나치제국의 유명한 인종연구가 한스 귄터(Hans F. K. Günther)는 일본인을 저열한 인종에서 '고귀한

---

21) 邦正美, 『ベルリン戦争』, 58쪽.
22) 邦正美, 『ベルリン戦争』, 58쪽.
23) 邦正美, 『ベルリン戦争』, 59쪽. 일본어로 표기된 독일인이름(ラミン)의 원어는 알 수 없다.

인종'으로 설명하기 위해 안간힘을 썼다. 그는 일본인과 독일인은 같은 인종의 '힘'에서 나왔다고 주장하며, 독일-일본 혼혈아를 비아리아인이 아니라 독일-헝가리, 독일-터키, 독일-핀란드의 혼혈과 같은 경우로 인정해주기를 바란다고 밝혔다.[24] 또한 오토 퀴멜(Otto Kümmel)[25]도 일본인종의 한 부분이 서유럽에서 퍼지게 되는 아리아인의 월인종이었다고 주장하였다.[26] 하지만, 나치당의 인종정책사무소의 엄격한 이데올로그 발터 그로스(Walter Groβ)는

"만약 일본인에게 고대유럽의 피가 들어왔다면, 몽고인, 중국인, 한국인, 만주인도 다 그러할 터이고, 동쪽 끝에 있었던 일본인에게 '북구적'이라 말할 수 있을 정도로 뭔가 들어갔다고 생각지 않는다. …만약 이것을 인정한다면 모든 아시아인들을 아리아인으로 인정해야 하고, 또한 같은 이유로 아프리카의 모든 흑인집단을 아리아인종으로 인정해야 할 것이다. 석기시대에 북구 아리아인종이 이동한 흔적이 이들에게도 틀림없이 남아 있었을 것이기 때문이다."[27]

---

24) BA R64 IV/31, pp.18-19.
25) 그는 *Die Kunst Chinas, Japans und Koreas* (중국, 일본, 한국의 예술, Wildpark-Potsdam 1929)의 저자이다.
26) "Nachrichtendienst des Japanischen Vereins", No. 293. 1933. 11. 1. Günther Haasch (Hg.), *Die Deutsch-Japanischen Gesellschaften 1888-1996*, p.215 재인용.

라고 반박하였다. 그로스는 일본인과 독일인의 결혼 금지, 혼혈은 "원치 않는 인종 혼합"이라는 원칙을 고수하면서도 정치적으로 피할 수 없다면, 일본인 인종자체에 대한 이데올로기적 평가절상이 아니라, 소수의 재독 일본인(주로 기업가, 정치가, 예술가 등)을 특별 대우하는 것이 가능하다고 하였다.[28]

모순적이고 문제 많은 인종법은 수많은 예외를 허용하면서 독일 사회 전반에 무서운 편견으로 자리 잡아갔다.

그런데, 인종이데올로기는 나치의 새로운 고안품 중에 가장 문제가 많고 논리가 빈약했던 것이지만, 앞의 예처럼 독일의 일상 속에서는 (특히 젊은 층에서) 빠른 속도로 자리 잡았다. 그 이유는 무엇일까? 다양한 이유가 있겠지만, 무엇보다도 쉽게 생각해 볼 수 있는 것은 일상 속에서 타자를 규정하고, 몰아냄으로써 독일인들이 얻게 되는 사회적, 경제적인 이득이 심심찮게 있었다는 점일 것이다. 유대인, 비아리아인을 쫓아낸 빈자리를 아리아인들은 즐겁게 채워갔고, 인종의 논리를 이용하면, 비아리아인 경쟁자는 일거에 '아웃'시킬 수 있었다. 이런 일상의 유리한

----

27) BA R64 IV/31, pp.16-17.
28) BA R64 IV/31, p.19.

점이 있었으니 많은 독일인들은 논리가 휘어지고, 비틀어
져 있어도 이의를 제기하기보다 '똑바르다'라고 말했으리
라 추측된다. 유대인음악가가 떠난 후, 그 자리에 '아리아
인'음악가가 취직되었을 때, 어느 누구도 그 이유를 깊이
생각하지 않았다. 다른 예를 들면 베를린 필하모닉 오케
스트라 단원들은 유대인들이 소유했던 명악기를 아무런
대가없이 골라잡아도 되었을 때, 이 악기가 어디에서 온
것인지 아무도 물어보지 않았다.[29]

물론 이런 자발적인 측면만 있는 것은 아니다. 구니
마사미의 회상에 따르면, 논리에 맞지 않는 인종학 수업
(Rassenkunde)에서 질문을 많이하여 교사를 곤란하게 했
던 한 여학생이 어느 날 학교에서 사라지고 다시는 돌아
으지 않았다고 한다.[30] 자신의 의견을 솔직하고 자유롭게
피력할 수 없는 분위기, 통제되는 상황도 반유대적인 프
로파간다가 작동하는 데 기여했음을 암시한다.

---

29) Enrique Sánchez Lansch. *Das Reichsorchester - Berliner
    Philharmoniker* (DVD) 2007참고.
30) 邦正美,『ベルリン戦争』, 60쪽.

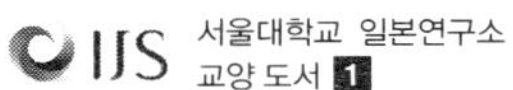
IJS 서울대학교 일본연구소
교양 도서 1

# 제2장
# '신비화'되는 일본인

당시 일본군대는 '잔인하고 폭력적'이라는 컨셉의 프로파간다를 내세웠고, 이것이 독일매체에서도 큰 효과를 보이고 있음을 알 수 있다. 반면, 독일군대는 (물론 독일군 역시 실제로는 잔인했지만) 잔인하지 않으며, 도덕적일 뿐 아니라, 자기통제가 가능한 철저한 엘리트의 이미지를 내세웠다는 점에서 차이가 있었다.

# '신비화'되는 일본인

## 1. 삼국동맹이후 독일매체 속의 일본인

　전쟁과 동맹국체결로 인해, 일본제국은 공식적으로 독일제국과 대등한 관계를 얻게 되었다. 가장 우월한 아리아인과 삼류의 열등한 황색인종이 공식석상에서 악수를 하는 기회도 많아졌다. 예를 들면, 1941년 3월 일본의 외무상 마츠오카 요스케(松岡洋右)가 히틀러를 만나기 위해 베를린을 방문했던 때가 그렇다. SS친위대의 호위를 받으며 히틀러 수상 관저로 가는 독일 뉴스 릴의 장면과 히틀러의 영접을 받고, 환호하는 시민들을 향해 모자를 흔드는 장면은 유투브[1])에서도 볼 수 있다. 특히 키가 작고 왜소한 마츠오카를 큰 키의 영화배우처럼 잘 생긴 독

---

1) 문화영화 "Hitler and Germany welcome Japan's foreign minister"
　www.youtube.com

일 SS장교가 아래로 내려다보며 악수하는 장면, 자동차에서 우람한 체구의 독일외무장관 리벤트롭(Ribbentrop) 옆에 어린애처럼 앉아 있는 마츠오카가 짧고 가는 팔로 힘없이 모자를 흔드는 장면은 인종이데올로기적 관점에서 볼 때 아리아인이 얼마나 탁월하고 우수한 종자인지를 교과서의 그림표처럼 대조해 보여준다.

1936년 올림픽 경기장에서 흑인 선수가 금메달을 땄을 때, '열등하고 더러운' 검은 손과 악수하기를 거부했던 히틀러가 1941년 황색인종인 마츠오카와 악수하는 장면을 보면서 인종이데올로기에 젖어있던 시민들은 어떻게 생각했을까? 황색인종은 흑인보다 조금 우월하므로 괜찮다고 여겼을까? 다른 한편, 그동안 이런 저런 차별과 멸시를 받고 있던 일본인들은 어떤 기분이었을까? 당시 베를린에는 300여 명의 일본인들이 거주하고 있었는데, 1940년 독일과 일본의 동맹관계로 인한 과중한 업무 때문에 늘어난 일본대사관 직원이나 육해군 무관 및 그 가족이 대다수를 차지했다.[2] 아리아인의 지도자 히틀러가 황색인종과 나란히 서서 우호관계를 보여주는 것만으로도 그동안 위축되었던 재독 일본인들은 우쭐해졌을 것이다.

---

2) 邦正美, 『ベルリン戦争』, 219쪽.

뉴스영화는 환호하는 시민들과 수많은 깃발 그리고 무엇보다도 음악과 흥분으로 들뜬 아나운서의 내러티브를 통해 마츠오카가 독일인들에게 매우 환영받고 있음을 선전하고 있다.[3] 하지만, 어두운 영화관에 앉아서 이 뉴스 영상을 보았던 "인종으로 똘똘 뭉치고, 인종으로 판단하고, 인종으로 살고자"[4]했던 실제 젊은 독일인들은 학교에서 인종학 수업시간에 배웠던 인종이데올로기가 옳다고 느꼈을지도 모른다. 다른 한편, 오로지 전쟁과 국가적, 외교적 전략 때문에 저런 선전영화가 만들어졌을 것이라고 이해했을 것이다.

삼국 동맹체결 후, 특히 마츠오카와 히틀러의 만남이후, 총통이 일본과 계속 적극적으로 관계를 가지겠다는 결의를 보였으므로, 적어도 선전 매체를 통한 공식적 차원에서 보면, 일본인의 위상이 높아져 갔던 것은 쉽게 추측해 볼 수 있다. 1941년 이후 독일인들과의 경험을 구니마사미는 다음과 같이 서술한다.

---

3) www.youtube.com 참고. 관중 속에는 일본인의 모습도 보인다. 그런데 소리를 제거하고 영상만 보면 열띤 환영의 분위기가 훨씬 가라앉은 느낌을 준다.
4) 邦正美, 『ベルリン戦争』, 58쪽.

　　"그런데 공무원이나 나치스 당원들의 모임에 가면 다소 분위기가 달라진다. '자네는 일본인인가? 일본인은 몽골족이지만, 자네 일본인들은 특별하게 취급해주지. 일본인은 용감하고 전투에서 강하니까, 말하자면 아시아의 프로이센사람인 게지'라고. 또한 그들은 항상 일독이(日獨伊)의 삼국동맹을 의식하면서 나와 개인적인 친분을 가지게 된다. 즉 시간이 지나면 본심을 슬쩍 내비치기 마련인데, '일본인은 몽골족이긴 해도, 독일과는 동맹국 사람, 말하자면 에렌 아리아인(명예 아리아인)이지'라고 하는 것이다."[5]

　　일본인에 대한 이율배반적인 태도는 나치이데올로기에 철저한 독일인, 나치당원일수록 '금발에 파란 눈동자의 젊은 사무라이'를 찾고 싶었던 힘믈러의 심정과 다르지 않았음을 보여준다.

　　다른 한편, 무용가 구니에게는 이런 독일인의 이중적인 태도가 그리 달갑지 않았을 수 있었겠으나, 실제 일본인 중에는 공공연하게 이런 평가를 받았던 외교관이 있었다. 그는 1941년부터 폐전까지 주독일본대사로 활약했던 오시마 히로시(大島浩)인데, 삼국동맹을 성사시킨 공적 때문에 히틀러로부터 독일제국의 독수리 대십자훈장을 수

5) 邦正美, 『ベルリン戦争』, 57-58쪽.

여받았다.(1941. 2. 14)[6] 더욱이 괴팅엔 대학으로부터 명예 시민권을 수여받았으니, 흑발에 검은 눈동자의 일본인이지만 정치적 신조에서 보면, '금발에 파란 눈의 사무라이'라고 해도 좋을 인물이다.[7]

## 2. SD 비밀문서 속의 일본

이런 와중에 아시아에서 최강국으로 패배를 모르던 일본이 1941년 12월 8일 미국을 공격하였으니, 독일인의 일본에 대한 관심은 더욱 고조되었다. 독일매체에서 열등한 아시아 인종인 일본인이 영웅적인 독일인 못지 않게 위대한 인종으로 선전되기 시작하는 것은, 태평양 전쟁 발발 후, 동남아시아에서 한창 연합군과 전쟁을 벌이고 있던 때였다. 독일시민들의 여론을 가능한 한 객관적으로 관찰하고 취합하여 서술한『제국으로부터의 소식』에는 1942년 8월 11일, 「시민들이 일본에 대해 가지는 견해」라는 제목으로 5페이지 분량으로 보고되어 있다. 이것은 전

---

6) 윌리암 L. 샤이러(유승근 옮김),『제3제국의 흥망』(서울: 에디터 출판사 1993), 4권, 79쪽.
7) 윌리암 L. 샤이러,『제3제국의 흥망』4권 참고.

체 보고서에서 일본에 대한 언급이 매우 빈약한 것[8]을 고려해볼 때, 의미심장하다. 왜 하필 이 시기에 일본에 대해 심도 있는 보고서가 작성되었을까?

그 이유를 생각해 보면, 1942년 상반기에 독일인들 사이에서 일본에 대한 관심이 점점 커지고 있음을 반영한 것이라 할 수 있다.[9] 특히 (아래의 인용문에도 언급되었듯이) 신문, 잡지, 책, 영화, 강연 등 1942년 상반기 독일매체에서 일본에 대한 보도가 대량으로 쏟아진 것에서 그 이유를 찾을 수 있다. SD첩보원이 작성한 「시민들이 일본에 대해 가지는 견해」의 첫 부분을 번역하면 다음과 같다.

"일본이 전쟁에 참전하고 특히 동아시아에서 엄청나게 빠른 속도로 광범위하게 성공을 거둔 이래, 여러 번 반복되어 보도되는 바와 같이, 모든 계층의 대다수 독일 국민동지들은 어떻게 일본국민이 오랜 중국과의 전쟁에도 불구하고 놀라운, 강한 힘으로 새로운 전쟁을 시작할 수 있는지, 그 이유를 점점 더 깊이 생각하게 된다. '황색

---

8) Heinz Boberach (ed.), *Meldungen aus dem Reich 1938-1945: Die geheimen Lageberichte des Sicherheitsdienstes der SS* (Herrsching 1984)의 찾아보기항목에는 'Japan'이 아예 없다.
9) 1942년 6월 4일에서 7일사이의 미드웨이전투에서 일본군이 참패한 소식도 보도되었을 것이다. 미국과의 전투는 독일군과 독일 시민에게 매우 큰 관심을 불러 일으켰다.

위험'이라는 피상적인 얘기를 벗어나서 대체로 국민동지들은 '일본인의 정신과 영혼의 상태'에 관해 깊은 관심을 보이는데, 일본이 가진 추진력의 비밀이 전쟁 물자에 있다기보다 정신 상태로부터 기인한다는 견해이다.

　　제국의 곳곳에서 보내온 보도에 따르면, 신문, 잡지, 책, 영화, 강연 어디서든지 이 테마에 대한 설명을 들을 수 있는데, 독일시민들은 대체로 이것을 환영한다는 분위기이다. 일본의 비기독교적, 비종교적 세계관을 바탕으로 하는 태도가 삶과 정치 그리고 전쟁에 적합한 전투형태를 만들어내었으며, 이것이 대단한 성공을 거두고 있는 것은 독일제국의 나치적 세계관 및 종교적인 상황과 여러 모로 비교되고 있는 듯하다. 전체적으로 볼 때, 독일인들이 가졌던 일본이미지가 점점 개선되어가고 있음이 관찰된다. 허나 여기에는 수정이 필요하리라 생각된다."[10]


　　적어도 1942년 여름이 되면, 일본인들에 대한 아리아인들의 태도에 적지 않은 변화가 있었음을 이 인용문에서 감지할 수 있다. 더욱이 이 변화는 "일본이미지가 점점 개선되어 가고 있음"이라는 표현으로 미루어 긍정적인 방향에로의 변화임을 알 수 있다. 일본군이 전쟁으로 보여주

---

10) Heinz Boberach (ed.), *Meldungen aus dem Reich 1938-1945: Die geheimen Lageberichte des Sicherheitsdienstes der SS* (9권), pp.4042-4043(이하 모두 이경분 번역).

는 성과는 인종이데올로기에 예외를 두어야 할 정도로 강력한 위력을 내뿜었던 것이다.

그러나 보고서를 더 읽어 내려가면, 다른 한편에서는 이런 경향을 위험스럽게 여기는 목소리도 있었음을 알 수 있다.

> "하지만 특히 일본군에 대한 이미지가 발전되는 것은 일본의 전투 상황소식을 통해서인데, 이에 비추어 보면 우리 독일군의 성과는 정당하게 평가되지 못하고 있다고들 말한다. 지금까지는 독일군인이 세상에서 최고라는 견해가 있었다. 하지만 이것은, 예를 들면 일본수영선수가 홍콩 앞바다에 있는 지뢰를 제거했다든지, 죽음을 우습게 여기며 폭탄을 지고 말 그대로 직접 적군의 선박을 향해 날아가는 일본 공군이야기, 또는 일본의 특수 U 보트의 얘기 등으로 인해 혼란을 겪고 있다. 우리에게는 이러한 의도적이고, 의식적인 자기 희생(예를 들면, 전함을 파괴하기 위해 자폭하는 행위)이 없음은 다소간 '열등감' 콤플렉스를 불러일으켰다. 다시 말해, 일본인은 '독일인보다 더 독일적'이라는 것이다."[11]

---

11) Heinz Boberach (ed.), *Meldungen aus dem Reich 1938-1945* (9권), p.4043.

1939년 9월 1일 폴란드를 침공하면서 2차 대전 개전 당시에는 1주일마다 새로운 승전 소식을 보내왔던 독일군은 세계 최고라고 자부해왔다. 그러나 1942년이 되자 아리아인들의 입장에서는 속상하게도 일본군의 용맹한 행위가 알려지면서, 독일군을 능가할 정도로 평가되고 있음을 알 수 있다. 이제 독일인들은 일본군에 대해 열등감마저 느끼지 않을 수 없다는 내용이다. 열등한 아시아인이 아리아인보다 더 뛰어남을 보여주는 일본군의 소식은 인종이데올로기에 엄청난 모순을 던져주는 것이었다.

당연하게도 "금발의 사무라이"란 없었듯이, 이런 모순은 예외를 둠으로써 무마되었다. 앞에서 구니 마사미가 아는 나치당원들이 일본인을 "아시아의 프로이센사람" 또는 "명예 아리아인"이라고 말했듯이, 이 보고서에서도 일본군을 "독일인보다 더 독일적"이라는 표현을 사용하고 있다.

특히 독일인들을 놀라게 한 것은 "죽음을 우습게 여기며 폭탄을 지고 말 그대로 직접 적군의 선박을 향해 날아가는 일본 공군"에 대한 것이다. 공식적으로 '가미카제' 특공대(神風特攻隊=特別攻擊隊)가 활동하는 것은 1944년부터로 알려져 있지만, 이 독일보도에는 이미 1942년에 적군의 선박을 향해 날아가거나, 인간어뢰로 선박을 향해 돌진하는 일본 군인에 대해 서술되어 있다. 당연히 이런 정도의 자기 부정적인 각오는 독일군인에게서는 상상도 할 수 없는 일이었으므로, 그동안 세계에서 최고로 자부하던 독일군의 입장에서 보면 당황스러웠을 것이다.

보고서에 나타나는 또다른 목소리는 아리아인보다 더 뛰어난 위력을 보이는 일본군을 단순히 평가 절상해주는 차원을 넘어서 위험한 대상으로 경계해야 함을 경고한다.

"수백년 전 독일 전설의 영웅에게서나 알려졌던 그런 특징을 오늘날 일본인들에게서 볼 수 있다는 것이다. '황색 위험'이라는 표어적인 말들이 공존하는 가운데, 독일인들 사이에는 일종의 비관주의가 확산되고 있다. 즉 우리 독일 역사가 이전에 한번 보여준 그 힘의 충만함이 이제 일본인에게서 효력을 발휘하고 있는데, 그 신비하고 위대한 힘이 현재 우리 스스로 행한 전투보다는 오히려 일본인의 전투를 더 인정하고 있기 때문이다. 사람들은 오랫동안 지속되어 온 우리 기독교의 세기가 아마도 '다시 좋은 그 시절을 회복하지 못하리라'고 말하기도 하고, 일본의 힘이 언젠가 우리를 공격할지도 모른다고 말하기도 한다."[12]

---

12) Heinz Boberach (ed.), *Meldungen aus dem Reich 1938-1945* (9권), p.4043.

신으로부터 선택받은 독일인이었기에 그 "신비하고 위대한 힘"이 독일아리아인을 통해 현현되었다고 믿어왔던 신념이 일본군의 막강한 전투력 앞에서 흔들리는 내용이다. 즉 한편에서는 1941년 태평양전쟁 발발 후, 동남아시아에서 승승장구하던 일본군이 1942년 여름 독일군의 성과를 능가할 만큼 신비화되는 경향을 잘 보여주고 있다.

다른 한편, 이 보고서의 행간에서 독일시민들 머리 위에 드리워진 어두운 그림자를 예감할 수 있다.[13] 1942년 여름, 독일군의 전투능력에 대한 "비관주의가 확산"되어 가고 있다고 보고된 것은 일본군에 대한 신비화와 대조를 이룬다. 독일군의 전투력에 대한 회의는 이미 1941년 겨울, 소련 공격에서의 실패경험 때문이다. 잘 알려져 있듯이 히틀러와 독일군대는 소련과의 불가침조약을 깨고(1941년 6월 22일), 소련을 공격하여 일사천리로 모스크바까지 진격했지만, 겨울의 추위와 소련군의 맹렬한 역공격으로 독일군이 퇴각한 경험이 있었기 때문이었다. 뼈아

---

13) 물론『제국으로부터의 소식』에서 이미 1941년 8월 25일 보고서에 독일군의 빠른 승리 소식에도 그리 환영하는 분위기가 아니며, 소련군의 강한 저항에 어두운 전망을 하는 사람이 많다고 기록되어 있다. Heinz Boberach (ed.), *Meldungen aus dem Reich 1938-1945* (8권), p.2686.

픈 패배를 맛 본 독일시민들에게 일본군의 철두철미한 자기희생이 매우 인상적이었던 것 같다.[14] 히틀러유겐트 식의 헌신도 일본의 '가미가제'식 자기포기에는 비교의 상대가 되지 못하는 데서 오는 '열등감'이었다. 더욱이 일본군인의 철저함이 높이 평가되었고, 그동안 독일군인이 세계 최고라는 자부심도 상대화되고 있음을 볼 수 있다. 이와 더불어 "황색 위험"이라는 말처럼, 막강한 일본이 아시아를 휩쓸고, 그 칼날을 독일로 향해 돌릴지도 모른다는 두려움도 표현되어 있다.


## 3. '잔인한 일본군대'의 프로파간다적 가치

그런데, 여기서 분명히 할 것은 일본군에 대한 독일시민의 이런 저런 의견은 독일선전부의 통제를 받는 독일매체의 보도를 근거로 해서 나온다는 점이다. 다시 말해

---

14) '바로 이런 태도가 일본이 지금까지 전쟁에서 지지 않고 현재 대동아전쟁에서 놀라운 승리를 얻었던 진정한 이유이리라"라고 보고한다. 위의 글, p.4044. 또 나치당에서는 "일본 힘의 비밀"이라는 제목의 책자를 독일어로 출판하였다. Albert Fürst von Urach, *Das Geheimnis japanischer Kraft* (Berlin Zentralverlag der NSDAP 1943).

득일인이 일본군에 대해 얻는 정보는 모두 이중으로 검열 통제된 것이라는 사실을 간과해선 안 될 것이다. 일본군대가 외부에 정보를 알릴 때 일차적으로 프로파간다적 효과에 의해 가공한다.[15] 그리고 이를 독일매체에 보도할 때, 독일선전부가 독일군의 프로파간다를 위해 또 한 번 걸러서 내보내기 때문이다. 그런데 1942년 독일군에 대한 상대적 평가를 무릅쓰고 일본군대의 소식과 일제 프로파간다를 대량으로 풀어 놓은 이유는 무엇인가? 열등하다고 규정되었던 일본인이 인종이론과 달리 아리아인 못지 않음이 부각되는데, 왜 독일 선전부는 이런 일본선전을 허용하였을까? 독일 군대의 입장에서는 불리할 수도 있는 보도가 시민들에게 알려지는 것은 오히려 의도된 것이었을까?

위의 서술을 볼 때, 당시 일본군대는 '잔인하고 폭력적'이라는 컨셉의 프로파간다를 내세웠고, 이것이 독일매체에서도 큰 효과를 보이고 있음을 알 수 있다. 반

---

15) 예를 들면, 일본군의 가미카제특공대도 사실은 군인스스로 자발적으로 나선 것이 아니라, 명령을 받은 군인은 자신과 가족을 위한 명예심과 불복종시의 처벌에 대한 두려움으로 (소수의 예외를 제외하고) 도살장에 끌려가는 소 같은 처지였다. 하지만, 일본프로파간다는 천황을 위한 군인들의 자발적 행위로 왜곡하였다.

면, 독일군대는 (물론 독일군 역시 실제로는 잔인했지만) 잔인하지 않으며, 도덕적일 뿐 아니라, 자기통제가 가능한 철저한 엘리트의 이미지를 내세웠다는 점에서 차이가 있었다.[16]

하지만 보고서의 뒷부분으로 갈수록 일본식의 전투형태를 독일인이 배워야 할 모델로 보기 힘들다는 판단으로 기울어진다. 예를 들면, 사무라이처럼 총검으로 적군의 목을 수북이 베어버린 다케모리라는 일병의 일화를 언급하면서, 미친 듯 날뛰는 살인자의 행위를 영웅적인 것으로 볼 수 있을 것인지 의문을 제시한다. 또한 일본여성이 출정하는 아들에게, '아니다, 내 아들아, 영웅적 죽음을 하기 위해서 싸우는 것이야. 살아서 집에 돌아오기 위해서가 아니란다' 라고 말하는 것을 인용하며, "정말 여성이 이렇게 말할 수 있는가?"[17]라고 반문한다.

보고서의 끝부분으로 가면, 일본식 전투와 자기 희생은 독일인에게는 "낯설고 비인간적"이라고 결론 내린다.

---

16) 독일군대 전시회 카탈로그 Hamburger Edition, *Verbrechen der Wehrmacht. Dimensionen des Vernichtungskrieges 1941—1944* (Verlag des Instituts für Sozialforschung 2002) 참조. 한국외국어대학의 카이 쾰러(Kai Koehler)교수의 조언에 감사드린다.
17) Heinz Boberach (ed.), *Meldungen aus dem Reich 1938-1945* (9권), p.4043.

하지만 이런 의견은 죽음을 무서워하지 않는 일본군의 위력을 신화화하는 과정에 그리 큰 걸림돌이 되지 못한다.[18] 폭력적인 일본군의 잔인함과 비인간적인 일본여성 이야기도 결국은 독일인과는 뭔가 다른 일본인의 독특함을 강조해주기 때문이다.

그런데 독일매체에서 일본군대의 잔인하고 강력한 이미지를 대대적으로 보도해야 할 이유가 있었다면 무엇인가? 1941년 12월 일본이 미국을 공격한 것은 전세계가 깜짝 놀란 대단한 사건이었으므로 외신보도가 많은 것은 당연한 일이라 할 수 있다. 특히 동맹국 일본이 동남아시아와 태평양에서 미국, 영국과 대결하는 전투 소식은 독일시민들의 관심을 끌었던 것도 사실이다. 그럼에도 불구하고, 만약 나치선전국이 필요하다고 여겼다면, 독일군의 위상을 위협하는 정도로 일본군을 '신비화'하는 보도는 충분히 통제했을 것이다. 이미 잘 알려져 있듯이, 수준 높은 프로파간다정책을 실행했던 괴벨스(Joseph Goebbels)의 나치선전국은 수천 수만개의 작은 거

---

18) 보고서 작성자는 이상하게도 이런 의견을 일반시민들의 목소리가 아니라 특정 잡지의 글에서 인용하고 있는데, 시민들 사이에서는 이런 견해가 나오지 않았음을 암시한다. Heinz Boberach (ed.), *MeldungenausdemReich1938-1945.*9권, p.4047.

짓말을 만들어내어 사람들의 불신을 받게 되는 오류를 범하지 않았다. 오히려 "디테일에서는 아주 정확하고 정직하게, 기술적으로도 완벽하게 작업"하였다.[19] 중요한 것은 이런 디테일이 어떻게, 언제, 왜, 어디에 배치되는가 하는 것인데, 이 문제는 나치선전국의 프로파간다적 의도에 의해 결정되었다.[20]

이런 맥락에서 1942년 초반 일본군의 전쟁 소식은 객관적인 정보를 바탕으로 보도되었지만, 그 프로파간다적 의도는 그리 쉽게 알아차릴 수 있는 것은 아니다. 하지만 전쟁시기인 만큼 일본군 보도가 뭔가 독일군의 전세와 관련이 있으리라는 것은 확실해 보인다.

1942년 초봄, 동부전선에서는 진흙탕의 계절이 시작되어 독일군인은 지칠대로 지친상태에서 소련군과 지리한 기싸움을 전개하고 있었다. 동계작전에서 동부전선의 총 162 전투사단 중 공격능력이 있는 사단은 겨우 8개밖에 남아있지 않았고, 탱크는 140대가 남아 1개 사단 정도에 불과했다. 또한 독일군의 사상자는 116만 7,835명으로 증원군이 오지 않으면 전투를 계속하기 힘들어진 상황이

---

19) Heinz Pohle, *Der Rundfunk als Instrument der Politik* (Hamburg 1955), p.226.
20) 이경분, 『프로파간다와 음악』(서강대학교 출판부 2009), 206쪽.

었다.[21] 이 동부전선의 전투 상황은 2차대전 발발 이후 독일군의 최대의 위기였다. 실제로 역사를 거꾸로 보면, 독일군의 전세가 기울어져 '천년 제국'이 12년으로 단축되는 전환점이 바로 1941년/1942년 겨울의 동부전선에서의 전투였다. 막대한 독일군의 손실로 인해, 괴링도 히틀러도 동맹국인 이탈리아에게서 증원군을 얻어내기 위해 강요하듯 '구걸'하지 않을 수 없었다.[22] 이런 맥락에서 동맹국과의 돈독한 유대감이 그 어느 때 보다 중요한 시기였다. 독일군의 떨어지는 사기와 함께 독일시민들 간에도 비관적이고 침체된 분위기가 확산되고 있었기 때문이다. 비관적인 분위기에 활력을 불어넣어주고 전쟁에 필요한 의욕과 사기를 북돋우기 위한 전략이 필요할 즈음이었다. 이런 시기에 일본이 소련을 등 뒤에서 공격해 주면 얼마나 좋을까? 여기에 프로파간다의 중요하고도 막대한 역할이 요구되었다.

이런 배경을 가지고 강한 일본군의 선전보도가 독일 프로파간다에 주는 의미를 이해할 수 있는 실마리를 찾기 위해, 1942년 9월 18일 베를린에서 개최된 만주국 건국 10

---

21) L. 샤이러, 『제3제국의 흥망』4권, 101쪽.
22) 1942. 4. 30. 잘쯔부르크에서 히틀러와 무솔리니와의 회견이 있었다. L. 샤이러, 『제3제국의 흥망』4권, 102쪽.

주년기념 연주회를 살펴보고자 한다. 그런데 이 연주회를 둘러싼 의문을 이해하기 위해서는 복잡하지만, 먼저 전쟁 시기 나치제국에서 지휘자의 국가적 임무를 서술하고, 일본지휘자로 활동하였던 안익태와 고노에 히데마로의 자작곡 〈에텐라쿠〉 그리고 제국음악협회 회원등록의 문화정치적 배경에 대해 서술하면서 둘러가고자 한다.

# 제3장
# '강하고 품위있는' 일본제국의 사운드

- 나치제국에서 일본을 대표하는 음악가
- 에게서는 정형화된 일본 이미지로 덧씌워진 '서양화된 음악'이 요구되었다 할 수 있는데, 〈에텐라쿠〉가 이러한 요구에 잘 부응하는 것이었다. '모던한' 이미지를 주면서 동시에 천황을 중심으로 '신비한 일체감'의 나라 일본제국의 '강하고 품위있는' 사운드로 여겨졌으리라 사료된다.

# 차 례

# 프롤로그

<ul>
<li>전쟁프로파간다는 잔인하고 거칠고 폭</li>
<li>력적인 강한 남성적 이미지를 수혈하여 에너지를 얻는다고 할 수 있다면, 여성적이고, 에로틱하며 섬세한 일본이미지는 전쟁이라는 새로운 환경에서 어떻게 적응하고 변모했는가? 더욱이 나치 독일의 인종이데올로기는 또다른 문제를 야기한다.</li>
</ul>

독일의 영화사 우파(UFA)에서 1933년에 만든 일본영화가 있다. 〈봄에(春に/Im Frühling)〉와 〈거울(鏡/Spiegel)〉이라는 제목의 흑백 문화영화이다. 영화 〈봄에〉에 나오는 등장인물은 모두 일본인이고, 풍경, 장소도 모두 일본을 배경으로 하고 있다. 하지만, 청각은 시각에 배반하듯 내러티브 언어는 일본어가 아니라 독일어이다. 영화 속에서 기모노를 입은 일본여성이 교과서를 읽듯 또박 또박 어색한 독일어로 일본여성의 전통을 설명한다. 일본인의 입장에서 본다면 영상은 모두 친근하고 익숙하며 평범하기까지 한 것이지만, 독일어의 내러티브는 낯설 것이 틀림없다. 설명 투의 내러티브는 이 영화가 홍보용임을 한 눈에 알 수 있게 한다.

도쿄국립근대미술관 필름센터에 소장되어 있는 이 두 영화는 독일에서 유학한 일본작곡가이자 감독인 기시 코이치(貴志康一)[1]와 독일인 감독 빌헬름 프라거(Wilhelm

Prager)가 만들었는데, 그 목적은 독일인들에게 낯선 나라 일본의 전통을 알리는 것이었다. 13분 정도의 〈봄에〉의 영상은 사꾸라, 기모노를 입은 일본여성, 사미센, 높은 게다를 신은 게이샤 등의 엑조틱한 일본 상징물로 가득하고, 16분가량의 〈거울〉에서는 일본가정의 불교적 전통과 차도, 그리고 일본 정원이 자세하게 그려진다. 두 영화는 평화롭고, 여성적이고, 에로틱한 이미지로 충만하다.

일본의 문화와 전통을 선전하기 위해 선택된 주제와 소재는 주로 일반독일인이 일본에 대해 가지는 엑조티시즘적 상상력에 부합하는 것들로 이루어졌다. 특히 영상을 가득 채우는 게이샤나 기모노 차림의 일본여성의 존재는 이 영화가 은밀하게 독일 남성 관객을 대상으로 하고 있지 않는가 하는 의구심이 들게 한다. 나치제국 초기에 만들어진 이 영화는 일반적으로 서양인들 뇌리에 떠다니는 일본과 일본인에 대한 에로틱한 이미지를 더욱 신비하고 이국적인 방향으로 상상하게끔 기여했으리라 추측된다.

이 영화 뿐 아니다. 1937년에 독일과 일본 합작으로

---

1) 최근 기시 코이치에 관한 연구서가 도쿄에서 출판되었다. 그의 문화영화 〈거울〉에 관한 논문도 들어있다. 梶野絵奈(編著),『貴誌康一と音楽の近代ーベルリン・フィルを指揮した日本人』, 青弓社 2011.

# '강하고 품위있는'
# 일본제국의 사운드

## 1. 지휘자의 국가적 임무

한편에서는 일본인에 대한 인종적 차별이 여전하지만, 다른 한편에서는 일본군의 위력이 절정에 달하였고, 득일인들 사이에서 일본군의 놀라운 투쟁력과 자기희생이 매체를 통해 보도되었던 1942년, 독일에서는 두 명의 일본지휘자가 활동하고 있었다.[1] 식민지 조선 출생인 안익태와 일본귀족 출생인 고노에 히데마로(近衛秀麿)이다. 둘 다 권력의 중심지인 베를린에 적을 두고 일본과 독일의 동맹관계를 위한 문화 정치적 음악행사에서 활동하였

---

[1] 그 외 성악가 다나카 미치코, 바이올리니스트 수바 네지코(諏訪根自子)와 같은 음악가도 당시 베를린을 중심으로 활동하였다. 이경분, "나치독일과 일본제국의 음악문화 교류", 『일본비평』 2호, 서울대학교 일본연구소 2010, 316-343쪽.

다. 1941년 봄 마츠오카의 베를린 방문을 축하하기 위해 고노에 히데마로는 베를린 방송오케스트라를 지휘하였고, 이 연주는 일본으로까지 전파되었다.[2] 안익태도 독일, 일본, 이탈리아 3국 동맹 행사 연주회에 일본지휘자로 나서기도 했다.[3]

오케스트라음악을 다루는 지휘자는 나치제국의 중요한 국가적 정치문화 행사에 반드시 필요한 예술가였다. 빌헬름 푸르트뱅글러(Wilhelm Furtwängler)를 비롯하여 헤르베르트 폰 카라얀(Herbert von Karajan), 칼 뵘(Karl Böhm), 한스 크나퍼츠부쉬(Hans Knappertsbusch), 오이겐 요훔(Eugen Jochum)과 같은 유명한 지휘자가 나치제국의 문화적 수준을 과시하면서 수많은 국내, 국외 연주회 행사를 채워나갔다. 전쟁시기 클래식 오케스트라의 가치는 더욱 빛났는데, 1944년 9월, 독일이 거의 폐허가 되어가던

---

2) 마츠오카의 히틀러 방문은 10분 이상의 문화영화로 만들어져 그 프로파간다적 가치를 증명했다. 국빈으로서 베를린 시민의 환호 속에 시가지를 지나 게스트하우스로 가는 장면이 영상에 고스란히 담겨져 있다. 더욱이 유명한 세토구치 도키치(瀬戸口藤吉)의 〈군함행진곡〉 멜로디가 이 선전영화의 배경음악으로 흘러나와 일본외무상에 대한 경의를 표하기도 한다. 이 곡은 1941년 12월 8일 태평양 전쟁 개전 시 일본라디오에서 끊임없이 흘러나왔다.

3) 이경분, 『잃어버린 시간 1938-1944. 안익태의 숨겨진 삶을 찾아서』(서울:휴머니스트 2007) 참고.

따, 모든 극장과 연주단체의 예술활동이 금지되었을 때에도 오로지 베를린 필하모니 오케스트라에게만 연주를 허락하였다. 모든 성인 남자들이 전장으로 불려가고 독일 내에서 군복을 입지 않은 젊은이를 찾아보기 힘들었던 때였다. 100여 명의 베를린 필하모니 단원들(전원 남성)은 특별히 군복무를 면제받았던 것이다. 이것은 오케스트라 단원들의 절대적인 프로파간다적 가치를 한마디로 증명해 준다. 베를린 필하모니 오케스트라는 나치제국의 노동자들을 위로하기 위해 공장으로 찾아가 연주를 하거나, 전선에서 싸우는 군인들 또는 부상당한 군인과 가족들을 위한 위문연주회도 개최하였다. 와해되어가는 독일제국의 패망을 눈으로 보면서 불안과 공포로 자포자기 하기 쉬운 독일인들에게 음악연주를 통해서 그래도 '아직은 괜찮아'라는 강력한 메시지를 던져주었던 것이다.[4]

이런 사실은 남아있는 영상을 통해서도 알 수 있다. 예를 들면 제국의 지휘자 중 최고의 영예를 누리던 푸르트벵글러가 단원들을 이끌고 1942년 독일점령지의 한 공장에 가서 바그너의 〈마이스터징어〉를 연주하는 장면[5]이나 전쟁 말기 부상당한 독일군들이 베를린 필하모니 오케

---

4) 이경분, 『프로파간다와 음악』, 109-111쪽.
5) *Die Deutsche Wochenschau* 1942. 4. 15. No. 606.

스트라가 연주하는 음악을 경청하는 장면이 인상적이다. 어려운 바그너 음악을 넋을 놓고 바라보는 노동자들, 군인들의 표정은 가히 음악을 통해 독일공동체가 도래한 듯한 착각을 불러 일으킬 정도로 비슷해 보인다.[6] 클래식음악이 단순히 유흥을 위한 것 또는 소수의 엘리트 상류층의 교양을 위한 것이 아니라, 전쟁에 필요한 정신적, '도덕적'인 힘을 주는 중요한 도구로 사용될 수 있음을 확인할 수 있다. 이때 연주되는 곡목은 결코 쉽게 흘려들을 수 있는 유행가나 가벼운 음악이 아니었다. 영혼에까지 깊이 감명을 줄 수 있다고 믿는 곡목으로 주로 '독일음악', 즉 독일작곡가의 곡들이 연주되었는데, 가장 자주 연주된 음악은 잘 알려진대로 베토벤과 바그너의 작품이었다.

그런데, 여기서 참고로 일본지휘자가 나치제국에서 음악활동을 하였다는 의미를 이해하기 위해서는 나

---

[6] Enrique Sánchez Lansch. *Das Reichsorchester - Berliner Philharmoniker* (DVD) 2007. 전쟁이 한창 진행 중인 때에도 나치제국의 곳곳에서뿐만 아니라 또한 점령지의 연주홀에서는 베토벤, 바그너음악이 울려 퍼졌다. 적군의 폭격으로 밤의 연주회가 불가능하면, 전기불이 필요 없는 낮에 연주회를 했다. 음악은 전쟁에 지치고, 언제 죽을지 모르는 불안한 사람들의 마음에 위로를 주기도 하고, 해이해진 마음을 일으켜 세워 새로운 각오로 전쟁에 임하게 하고, 피로에 지친 육신에 희망을 불러일으키기도 했다. 특별한 대우를 받아 지속적인 연주활동을 할 수 있었던 베를린 필하모니 단원들은 살아남기 위해 죽을 힘을 다해 연주했다.

치제국의 인종정책에 따른 두 가지 측면을 이해할 필요
가 있다.

첫째, 유대인 음악가가 가장 먼저 청산된 분야는
오케스트라의 지휘자였다.[7] 오토 클렘퍼러(Otto Klemper
er), 프리츠 부쉬(Fritz Busch), 부루노 발터(Bruno Walter),
만프레드 구르리트(Manfred Gurlitt) 등 유대인은 모두 정
권초기에 해고되었다. 성악가나 악기를 다루는 연주가의
경우는 유대인이라도 인기가 좋은 경우 한 동안 연주행위
가 가능했지만, 지휘자의 경우는 아무리 유명해도 오케스
트라의 공적인 상징성(나치제국의 오케스트라는 국립기
관이었음)과 지휘자의 대표성 때문에 정치적으로 그만큼
비중있게 다루어졌다고 할 수 있다. 예를 들면, 괴벨스가
제국 최고 오케스트라로 키운 베를린 필하모니 오케스트
라 단원 중에는 (지휘자 푸르트벵글러의 보호 하에)유대
인 피가 섞인 사람이 1940년에도 있었지만,[8] 지휘자의

---

7) 모든 연주회는 원칙적으로 선전부의 허락이 전제되었다. 이는
   곧 연주회 기획단계에서부터 누가 연주하고 무슨 곡목을 연주
   하는지 자동적으로 자기 검열이 이루어짐을 의미한다. 더욱이
   1943년 3월부터는 모든 행사에 SS정보원을 초청해야 할 의무
   가 있었으므로, 항상 통제와 검열의 시선을 의식하지 않을 수
   없었다.
3) 유대인 피가 1/4 섞였다고 판정된 음악가의 경우 어느 날 갑자
   기 체포될 두려움이 없었던 것은 아니지만, 그래도 활동이

경우는 애초부터 상상이 불가능한 일이었다.

둘째, 나치제국에서 음악가로 활동을 할 수 있으려면, 제국 문화협회(Reichskulturkammer)[9] 산하의 제국음악협회에 회원으로 등록이 되어야 가능했다. 제국음악협회는 독일 내의 음악인들을 (클래식음악, 대중음악을 막론하고) 파악하고 아리아인과 비아리아인을 구별하여 통제하는 역할을 했다. 제국음악협회 회원이 되기위해 형식적으로 반드시 첨부해야 할 세 가지 서류가 이를 말해준다. ① 학력 증명서 및 프로필 ② 여권사진 ③ 본인과 배우자의 아리아인 증명서를 제출해야 했다.[10] 아리아인이 아니면 원칙적으로는 회원이 되기 힘들다는 의미이다.

---

불가능한 것은 아니었다. Enrique Sánchez Lansch, *Das Reichsorchester - Berliner Philharmoniker* (DVD) 2007.

9) 1940년 일제의 '신동아 질서 건설'이라는 정책을 뒷받침하기 위해 '국민총력조선연맹'을 조직하여 그 문화부가 모든 문화예술계 종사자들을 통제했던 것과 비슷한 제도이다.

10) BA Kobl R 64 IV/81권, p.110.

〈그림 1〉 안익태가 지휘하는 모습 "비인 심포니 오케스트라
지휘 기념. 1942년 3월 12일. 안익태"라고 일본어로
적혀있다.
(비인 심포니 오케스트라 문서보관소 제공)

## 2. 일본지휘자의 독일 '제국음악협회' 회원 등록

하지만 나치제국의 이데올로기와 정책이 실제와 반드시 일치하지도 않고, 많은 예외를 두고 있음을 1942년 9월 18일 만주국 10주년 기념 연주회에서 알 수 있다. 즉 아직 제국음악협회의 회원이 아니었던 안익태가 국가적 차원의 연주회에서 지휘한 것이 그렇다. 원칙적으로 당시 독일에서 음악활동을 하기 위해서는 제국음악협회 회원이어야 하기 때문이다. 물론 독일을 잠시 방문한 객원연주자의 경우는 회원이 아니라도 가능했지만, 1942년 발간된 팜플렛(베를린의 아들러라는 매니저먼트 소속으로 되어 있음)에 의하면 안익태는 1-2회 방문하는 손님의 범위를 넘어서 직업음악가로 활동하고 있었다.[11]

반면 일본귀족인 고노에 히데마로는 늦어도 1941년 11월 18일 이전에[12] 제국음악협회 회원으로 등록되었다.

---

11) 안익태는 1941년 7월에 베를린에서 이미 지휘를 한 흔적이 있었으므로, 그렇다면 그 후 약 2년이 지난 후 회원으로 등록할 수 있었고, 그동안에는 회원이 아닌 상태에서 연주활동을 하였음을 의미한다.
12) 고노에가 회원이 된 시점은 아직 자료 부족으로 확인 할 수 없으나, 본격적으로 지휘 활동한 그의 경력이 1938년이라는 시점을 고려해볼 때, 그리고 "이미 회원등록 되어 있다"라는 1942년 3월

베를린 연방문서보관소에 그의 회원증 카드가 증거물로 남아 있지 않지만, 코블렌츠의 연방문서보관소에 있는 독일협회의 문서에는 고노에가 회원으로 등록되었음을 알 수 있는 단서가 있다. 독일협회와 제국연극협회 간의 편지교환이 이를 말해준다. 즉 오페라극장에서 지휘를 자주 하고 있었던 고노에게 "독일무대에서 활동하려면" 제국연극협회에서 회원으로 등록해야 한다는 제국연극협회 사무실의 편지와 가입신청서류가 1941년 11월 18일자로 발송된다.[13] 그 후 고노에가 이미 제국음악협회의 회원으로 등록되어 있으므로 다시 제국연극협회에 이중으로 '등록할 필요는 없다'라는 최종 확인이 1942년 3월 6일자 편지에 기재되어 있다.[14] 제국연극협회에서 제국음악협회에 문의했더라면 일어나지 않았을 행정적 차질이었다.

어쨌든, 중요한 것은 1942년 만주국 기념연주회에 제국음악협회 회원인 고노에 히데마로가 지휘하지 않고 당시 회원도 아닌 안익태가 지휘하였다는 의미이다. 더욱이 '피'로 본다면 식민지 출신이었던 안익태는 일본인 피보다 '열등하고 불순한 조센진'이었으니, 제국음악협회법으로

---

6일자 편지의 표현으로 미루어 보아도 1941년 11월 18일에서 1942년 3월 6일 사이에 회원이 되었을 가능성은 없고, 41년 11월 18일 이전에 등록이 완료되었으리라 사료된다.

13) R 64 IV/ 81, p.110.
14) R 64 IV/ 81, p.107, 109.

나 인종이데올로기로 보나 안익태가 불리했던 것이 사실
이었다.

　하지만, 안익태는 1942년 베를린의 만주국 건국 10주
년 행사연주회를 성공리에 마치고, 다시 한 번 1943년 2월
11일 빈에서 〈만주국 축전곡〉을 연주하는데, 이때도 제국
음악협회 회원이 아니었다. 그러나, 두 차례의 만주국 기
념행사 연주회를 마친 후, 1943년 7월 24일 안익태는 '조센
진'으로서는 유일하게 독일제국음악협회 회원이 된다. 베
를린 연방문서보관소에 소장되어 있는 안익태의 회원증
은 다음과 같다.

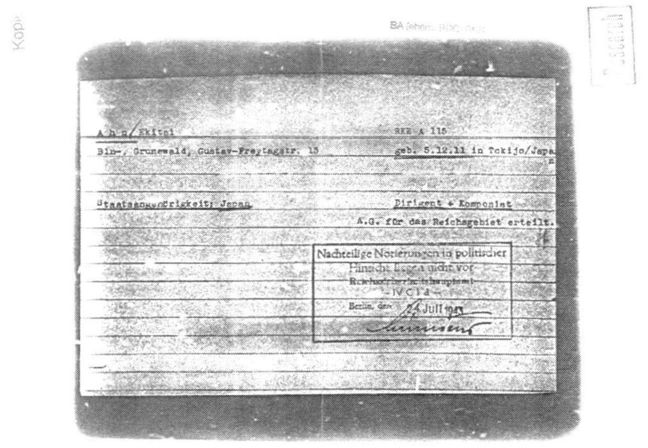

〈그림2〉 '동경 출생, 생일 1911. 12. 5. 국적: 일본. 직업: 작곡가, 지휘
　　　자, 독일제국 범위내에서 일할 수 있음'이라고 독일어로 적
　　　혀있다. (베를린 독일연방문서보관소 제공)

　　이 회원증으로만 본다면 당시 '안 에키타이'라는 일본 이름을 사용한 안익태는 '순수 일본인'으로 보인다. 출생 지가 동경으로 허위 기록[15]되어 있다. 1943년 8월 베를린 필하모니 오케스트라를 지휘하는 연주회 프로그램[16]에는 출생지를 평양으로 기록했던 것과 다르다. 공식적으로 인종정책의 원칙을 고수하는 제국음악협회의 회원으로 승인을 받으려면 형식적으로 '일본인'으로 해야 절차가 간단했으리라 짐작된다. 물론 서류신청을 위해서 일본대사관의 협조가 필요했던 것은 지극히 당연한 일이었다.

　　하지만 위의 문서를 자세히 보면 "정치적으로 하자가 없음"이라는 문구의 사각형 도장이 찍혀있는데, 나치의 행정원칙을 생각해 볼 때, 이런 도장을 찍으려면 증명서, 추천서와 같은 문서로서의 근거가 제시되어야 하며, 안익태의 정치적 행위와 정치관에 대한 검토가 있었던 것을 암시한다. 음악가의 정치관을 어떻게 증명할 수 있는가? 더욱이 고노에처럼 확실한 정치적 배경이 없는 식민지 출신의 안익태의 경우 어떻게 정치적 신념을 보증할 수 있었는가?[17] 이 물음을 잠시 뒤로(제4장)하고, 독일제국의

---

15) 안익태는 1906년 출생이나, 유럽에서는 출생연도도 1911년으로 조작하였다.
16) 베를린 필하모니 프로그램. 이경분, 『잃어버린 시간 1938-1944. 안익태의 숨겨진 삶을 찾아서』 139쪽 참조.

오케스트라를 지휘한 안익태와 고노에 히데마로의 음악
정치적 활동을 살펴보자.


## 3. 독일에서 울려 퍼진 일본아악
〈에텐라쿠〉


독일지휘자들과 다른 전제조건을 가진 일본인 지휘
자는 1940년대 동맹국 일본을 대표하여 독일 오케스트라
를 지휘하였을 때, 어떤 음악을 연주했을까? 이들의 연주
회 청중은 소수의 일본인, 조선인, 만주국 유학생 등을 제
외하면 대다수가 독일인이었다. 그러나 두 사람은 일본지
휘자인 만큼 일본을 대표하며 뭔가 다른 곡을 연주했으리
라 추측된다. 하지만, 코블렌츠 연방문서보관소 자료를
보면, 극소수의 작품을 제외하고 이들의 연주 곡목은 대
체로 독일지휘자들의 것과 별반 다르지 않다.[18] 일본과

---

17) 일본관료들이 조선인을 차별한 사실은 당시 독일 유학생의 편지
에서 알 수 있는데, 1934년 베를린으로 피아노 공부를 위해 준비
하던 이애내는 일본인은 1주일이면 비자증이 나오지만, 자신은
'신분이 불확실한' 조선인이라는 이유로 1달 이상 걸려 비자를
받게 됨을 자신의 후원자에게 불만스럽게 토로한 바 있다. 야나
기하라 키치베(柳原吉兵衛)에게 보낸 이애내의 편지 1934. 2. 14
일자. (모모야마학원 아카이브 제공)

독일 교류연주회나 '일본연주회' 또는 삼국동맹 연주회에서 일본을 대표하여 지휘자로 나섰지만, 안익태도 고노에도 주로 연주하는 음악은 베토벤, 모차르트, 바흐, 바그너와 같은 독일작곡가의 음악이었다. 독일지휘자와 차이가 있다면, 안익태와 고노에는 일본 타이틀의 〈에텐라쿠〉를 레퍼토리에 넣었다는 정도이다. 둘 다 일본의 아악 중 가장 유명한 '에텐라쿠'를 서구음악악기를 위한 현대화된 버전으로 작곡하였는데, 우연의 일치였을까?

고노에 히데마로의 〈에텐라쿠〉는 오리지널 '에텐라쿠'음악을 가능한 한 그대로 보존한 것으로 이미 1931년에 초연되었다. 반면 안익태의 〈에텐라쿠〉는 1938년 로마에서 작곡하여 1939년 4월 30일 로마에서 초연했던 것으로 알려져 있다.[19] '에텐라쿠' 주선율만을 차용하여 서구적 오케스트라 곡으로 만든 안익태의 〈에텐라쿠〉는 고노에의 〈에텐라쿠〉와 달리 심포니적 판타지라는 부제목이 붙었다. 이 새로운 창작곡으로 안익태는 일본지휘자로서 자신의 이미지를 굳혔다. 이렇게 말할 수 있는 이유는 음악적, 정치적으로 매우 중요한 연주회에 이 곡이 빠지지 않

---

18) 이경분, "나치독일과 일본제국의 음악문화교류", 334-337쪽.
19) 베를린 필하모니 오케스트라 프로그램 1943년 8월 18일. (베를린 필하모니 아카이브제공)

기 때문이다. 예를 들면, 1942년 9월 18일 만주국 10주년 기념 연주회가 그렇고, 1943년 8월 18일 베를린 필하모니 오케스트라의 연주회가 그렇다.

특히, 국가적 차원의 중요한 만주국 건국기념 행사에서 고노에의 〈에텐라쿠〉가 아니라 안익태의 〈에텐라쿠〉가 연주되었다는 것은 복잡한 의미가 함축되어 있어 보인다. 만주국 행사에 만주국을 상징하는 음악이 아니라, 일본아악을 대표하는 〈에텐라쿠〉가 연주된 것은 어떤 의미가 있는 것일까? 이것이 일본과 만주국의 협력관계를 보여주고자 했던 것이라면, 안익태의 〈에텐라쿠〉는 일본제국의 사운드를 과시하는 음악으로서 레퍼토리에 포함되었던 것인가? 만약 그렇다면 일본의 전통음악을 더 충실하게 보여줄 수 있는 고노에의 〈에텐라쿠〉가 연주되지 않았던 것은 무슨 이유 때문일까? 여러 가지로 질문해 볼 수 있다.

고노에가 독일 내에서 지휘한 횟수는 안익태와 비교가 되지 않을 정도로 많지만, 〈에텐라쿠〉의 연주 비중은 안익태의 경우보다 훨씬 적은 것이 두드러진다. 고노에는 거의 모든 연주회에서 서양음악을 연주하였고, 〈에텐라쿠〉는 매우 드물게 소개했다.[20] 일본전통음악은 서양음악적 의미에서 화성적이지도 않고, 음악적 전개도 없이 거의 같은 패턴이 반복되는 것으로 당시 일반 독일청중의 감성에 맞지 않는 낯선 것이었다. 따라서 아악 '에텐라쿠'를 거의 그대로 기보한 고노에의 〈에텐라쿠〉가 독일에서 그리 환영받지 못하였으리라 추측된다. 선율만 주제로 차용한 안익태의 〈에텐라쿠〉[21]는 일본적 분위기를 상상하게 하는 사운드(사쿠하치를 연상하게 하는 멜로디가 인상적임)이긴 하지만 결코 일본 전통음악이 아니라, 서양식 음악어법에 일본적 색채만 덮어씌운 음악이었다.[22] 일본전통음악을 몰라도, 또는 좋아하지 않아도 듣기에 전혀 어려움이 없는 곡이었다. 다른 말로 하면, 나치제국에서 일본을 대표하는 음악가에게서는 정형화된 일본 이미지로 덧씌워진 '서양화된 음악'이 요구되었다 할 수 있는데, 안익태의 〈에텐라쿠〉[23]가 이러한 요구에 잘

---

20) 코블렌츠의 독일협회 문서 중 고노에 히데마로의 연주활동에 대한 자료 참고. R 64 IV/81.
21) 악보가 아직 발굴되지 않았지만, 베를린 필하모니 오케스트라 프로그램의 곡 설명과 〈에텐라쿠〉의 다른 이름으로 여겨지는 〈강천성악〉의 악보를 참고하였다.
22) 이경분, "나치독일과 일본제국의 음악문화교류", 337쪽.
23) 안익태의 〈에텐라쿠〉가 오히려 근대화되고, 전쟁을 승리로 이끄는 힘센 국가 이미지를 주는데 더 적합한 일본음악으로 보인다. 하지만 전쟁 후, 이러한 프로파간다적 맥락이 사라지자, 일본전통음악을 그대로 잘 보존한 고노에의 〈에텐라쿠〉가 더 자주 연주되고 더 유명하게 되었다. www.22.ocn.ne.jp/yosijyun/kh/kh.

부응하는 것이었다. 그의 음악은 '모던한' 이미지를 주면서 동시에 천황을 중심으로한 '신비한 일체감'의 나라 일본제국의 '강하고 품위있는' 사운드로 여겨졌으리라 사료된다.

이런 맥락에서 보면 만주국 10주년 행사에 일본을 상징하는 〈에텐라쿠〉가 연주된 것은 만주국 프로파간다와 어떤 관계가 있는지 더욱 궁금해진다. 이 의문은 다음 장에서 좀 더 구체적으로 살펴보면서 1942년 '잔인한 일본군'의 프로파간다가 가지는 의미를 설명해 보고자 한다.

htm. 고노에의 〈에텐라쿠〉는 (1931년 모스코바에서 초연된 이래) 전세계 50개 이상의 도시에서 연주되었을 뿐만 아니라, 일본현대음악의 대표곡 중 하나로 자주 연주된다. 반면 친일 대 애국의 맥락에 처하게 된 안익태의 〈에텐라쿠〉는 그의 레퍼토리에서 사라져버리고 만다.

제4장

# 일본제국과 나치제국의
# 프로파간다를 위하여

● 전쟁에서 잔인하고 용맹하며 희생적인

● 일본군인 이미지는 세계 제일의 독일군

보다 뛰어남이 얘기되면서 독일인의 열

등감마저 자극하였음에도 독일매체에

서 통제되지 않았던 것이다. 일본이 강

한 동맹국으로 선전되는 것은 독일시민

에게 보내는 프로파간다적 메시지가 실

보다 득이 더 컸다고 판단되었기 때문

으로 사료된다.

# 일본제국과 나치제국의 프로파간다를 위하여

## 1. 1942년의 만주국 건국 10주년 기념 연주회를 둘러싼 의문

베를린에서 개최된 만주국 10주년 기념 연주회의 프로그램을 당시 보도를 근거로 재구성해 보면 다음과 같다.[1]

> 베토벤의 에그몬드 서곡
> 베토벤 7번 교향곡
> *휴식*
> 안 에키타이: 판타지 〈에텐라쿠〉
> 안 에키타이: 대(大)오케스트라와 합창을 위한 〈만주
> 국 축전곡〉(텍스트: 에하라 고이치)

---

[1] BA Kobl R 64 IV/193, p.10과 문화영화 "Festliches Konzert zur Zehnjahrfeier der Reichsgründung Mandschoutikou"(16mm 필름, 길이 85cm, 흑백영화. 독일연방문서보관소의 영상보관소) 참고.

일시: 1942. 9. 18. 금요일 18시
장소: 베를린 필하모니 대강당 (베른부르거 슈트라
세 23번지)
지휘자: 안 에키타이
연주: 베를린 대 방송 오케스트라 및 라미 징계만인
샤프트 합창단

흥미로운 것은 국가적으로 중요한 만주국 10주년 기념행사 연주회를 고노에 히데마로가 아니라 안익태가 지휘하게 되었고, 프로그램 1부는 베토벤, 2부는 안익태의 작품만으로 구성되었다는 사실이다. 즉, 1부 음악은 독일을 대표하고, 2부 음악은 만주국을 대표한다는 의미가 있는데, 베토벤과 안익태가 나란히 놓여있다. 이는 당시 만주국을 대표할 만한 (안익태보다 더) 국제적인 수준의 작곡가도 지휘자도 없었음을 말해준다. 물론 하얼빈에는 당시 백계 러시아인과 유대인들이 하얼빈교향악단의 주요 멤버로서 수준 높은 음악을 연주하고 있었다.[2] 더욱이 뛰어난 러시아인 지휘자가 있었지만, 아시아인으로서는 일본인을 제외하고 국제적인 무대에서 활동하는 지휘자를 찾아보기 힘든 때 였다. 즉 일본인 국적이외의 아시아인

---

2) 岩野裕一, 『王道楽土の交響曲。満州 知られざる音楽史』(東京: 音楽之友社 1999), 146—152쪽.

지휘자는 없었다고 해도 틀린 말이 아니었다.[3] 그런데 이 중요한 행사에 고노에 히데마로도 아니고 식민지출신의 안익태가, 그것도 자작곡을 두 곡이나 연주하며, 만주국의 큰 잔치에서 음악적 주인공이 되었던 것은 어떤 의미가 있는 것일까.

지금까지 이 대단한 사건은 안익태의 '친일인가 애국인가'라는 이분법적 관점에서만 다루어졌지만,[4] 여기서는 1942년 독일과 일본/만주국의 프로파간다라는 관점에서 접근해 보고자 한다.

아리아인 등록증이 필요한 제국음악협회의 회원도 아니고, 식민지 출신인 안익태가 만주국을 대표하여 일본대사를 비롯한 일본 고급관료 그리고 나치 고위층 앞에서 독일의 대규모 방송 오케스트라와 합창단을 지휘 하였던 것은 어떤 의미를 가지는가? 이에 대한 설명은 여러 가지로 가능하겠지만, 확실한 것은 이 행사에 독일제국음악협회 회원이면서 일본귀족이었던 유명한 고노에 히데마로보다 안익태가 더 적당한 지휘자로 여겨졌다는 것으로 해석할 수 있다는 것이다. 이는 안익태의 음악적인 능력을

---

3) 松田ふみこ, 「近衛秀麿氏を訪ねて」, 『音楽の友』(1950/3), 40-44쪽.
4) 송병욱, "안익태의 알려지지 않은 두 작품", 《객석》(2006년 3월호), 86-89쪽; 이경분, 『잃어버린 시간 1938-1944. 안익태의 숨겨진 삶을 찾아서』 참고.

의미할 수도 있고, '오족협화'를 내세우는 만주국 행사의 프로파간다적인 목표를 잘 실행해 낼 수 있는 인물로 인정받았음을 의미할 수도 있다.[5]

이런 의문을 염두에 두고 1942년 9월 18일 베를린에서 개최되었던 만주국 10주년 기념연주회는 어떤 프로파간다적인 목적이 있었는지 따져보자. 먼저 이 연주회가 만주국 건립 10주년을 기념하는 행사이므로, 날짜부터 생각해보면 뭔가 이상하다. 만주국 설립은 1932년 3월 1일인데, 왜 9월 18일인가? 일본이 만주를 독립국가로 인정한 것은 1932년 9월 16일, 독일이 인정한 날은 1938년 5월 12일.[6] 그러고보니 9월 18일은 11년 전 일본이 만주사변을 일으킨 날이다. 만주국 10주년 기념일에 만주사변을 기리고자 했는가? 그렇다면 만주국이 행사를 주도한 것이 아니라, 일본 쪽에서 날짜를 정했는가? 건국10주년이라는 큰 행사라면 특별히 날짜에 신경을 쓰는 것이 마땅하겠지만, 그렇지 못한 데에는 다른 더 중요한 이유가 있었다는 의미인가?

---

5) 이에 대해 조언해준 전 만주학회회장 한석정교수께 감사드린다.
6) 안익태의 〈만주국 축전곡〉작곡에 도움을 주었던 리하르트 슈트라우스의 존재가 행사의 일정에 어떤 영향을 미쳤는지 알 수 없다. Kurt Wilhelm, *Richard Strauss persönlich. Eine Bildbiographie* (Henschel, 1999), p.615.

더욱이 앞서 언급되었던 연주회 레퍼토리를 보더라도 만주국과는 크게 상관이 없어 보인다. 연주회 전반부에서 연주되는 베토벤의 〈에그몬드〉 서곡이나 7번 교향곡은 만주국과 관련이 없고, 후반부의 〈에텐라쿠〉도 일본을 상징하는 음악이지, 만주국을 상징하는 곡은 아니다. 또 연주자는 아무도 만주국과 관련이 없다. 모두 독일음악단체인 베를린 대 방송 오케스트라와 라미 징게만인샤프트 합창단이 출연했고, 지휘는 '일본지휘자로 유명'했던 안익태였다. 2006년 송병욱이 발굴한 문화영화에서 볼 수 있듯이, 청중을 보더라도 손님처럼 자리를 차지한 소수의 만주국 관료와 일만 유학생 및 재독 일본인들을 제외하면 다다수가 독일인이었다.[7] 그렇다고 하이라이트 곡 〈만주국 축전곡〉의 작곡가가 만주인이냐 하면 그것도 아니다. 유일하게 만주국과 관련 있는 것은 합창가사를 쓴 만주국 외교관 에하라 고이치(江原耕一)뿐이다. 하지만 그는 동경제대 법학부를 졸업한 일본인이었고, 가사도 만주어 또는 만주국민의 대다수가 쓰는 중국어가 아니라, 독일

---

7) 독일연방문서보관소의 영상보관소에 있는 만주국 건국 10주년 기념 문화영화 "Festliches Konzert zur Zehnjahrfeier der Reichsgründung Mandschoutikou" (16mm 필름, 길이 85 m, 흑백영화) 참고. 德永康元, 『ブダペスト日記』(東京: 新宿書房　2004), 49-54쪽.

어였다.

〈만주국 축전곡〉의 악보가 발견되지 않았지만, 1943년 재차 연주되는 비인 연주회팜플렛에 인쇄된 합창부분의 텍스트를 보면 이 곡이 실제로 만주국과 어떤 관계가 있는 지 머리가 갸우뚱해진다. 이런 의심이 들게 만드는 합창가사를 번역하면 다음과 같다.

10년 세월 제국이 무르익었네.
부지런한 땀은 보답 받았네.
민중은 환호하고
나라는 저 높이 빛나네.

하나의 생각으로 뭉쳐
사람들은 희망으로 번성하리.
난이 환하게 피었으니,
새 질서도 첫 열매를 맺었네.

**일본과 우리는 튼튼하게 연결되었네.**
**하나의 심장처럼, 신성한 목표를 가지고**
**영원한 평화를 위해**
**독일은, 또 이탈리아도 지고의 노력을 기울이네.**

영원한 봄날은 이제 머지 않았네,

모든 족속이 만족할 그날이.

보라! 저 만주의 평원 위에

향기로운 난이 환하게 피어있으니.”(강조 인용자)8)

Ein Jahrzehnt vollendet das Reich,
Des Pfluges Fleiß brachte den Lohn:
Das Volksleben ist jubelreich,
Das Land erstrahlt auf fernster Zon’.

Geeint sind der Völker Ideen,
Sie gedeihen in voller Hoffnung:
Glänzend blühen die Orchideen,
Erste Blüte der Neuordnung.

Mit Japan sind wir fest verbunden,
Wie ein Herz, im heiligen Ziel,
Um zu schaffen ewigen Frieden,
Erstrebt Deutschland, auch Italien viel.

Der ewige Frühling ist schon nah,
Wo alle Völker sind zufrieden.
Sieh! Auf den Feldern von Mandschu da
Blühen die duftenden Orchideen.

〈그림3〉 합창텍스트 독일어원어

(비인 심포니 오케스트라 문서보관소 제공)

8) 1943. 2. 11. 비인 연주회 프로그램, 이경분 번역.

이 합창곡 텍스트의 가장 핵심이 되는 부분은 세 번째 연이다.9)

이것을 자세히 분석해 보면, 두 가지 메시지를 읽어낼 수 있다. 하나는 만주국은 일본에 연결된 속국, 즉 일본이나 다름없다는 것이고, 다른 하나는 '독일과 이탈리아의 동맹국이 전력투구하고 있으며, 일본과 만주국도 함께 동참한다'라는 메시지이다.

한석정/임성모의 연구를 따르자면, 관동군 치하의 만주국의 존재를 일본의 식민지 또는 일본의 괴뢰국이라고 단순하게 말하기는 힘들어 보인다.10) 하지만 위의 텍스트에서는 만주국의 독립성을 부각시키기보다, 일본과의 연결을 강조하고 있어서, 만주국의 일본에 대한 "홀로서기와 견제, 거리두기"11)는 완전히 무시되었다.

당시 세계 권력의 중심부였던 베를린에서 이루어진 만주국 건국 10주년 행사는 만주국의 독립성을 세계에 보

---

9) 합창곡의 채보는 노동은, "만주음악연구-만주국의 근대 음악정책을 중심으로", 『근대의 문화지리 동아시아 속의 만주/만슈』(동국대학교 문화학술원 한국문학연구소 2007. 2. 2.-3. 학술대회 자료집), 236-245쪽.
10) 한석정, 임성모, "쌍방향으로서의 국가와 문화: 만주국판 전통의 창조, 1932-1938", 『한국사회학』 제35집(2001), 169-195쪽.
11) 한석정, 임성모, "쌍방향으로서의 국가와 문화: 만주국판 전통의 창조, 1932-1938", 176쪽.

여줄 수 있었던 절호의 기회였으나, 행사를 위해 특별히 작곡된 기념음악 〈만주국 축전곡〉은 그럴 의도가 전혀 없었음을 말해준다. 문화영화에서 베를린 필하모니 홀 정면을 장식한 일장기, 만주국국기가 시각적으로 전시해 보여주듯이,[12) 만주국은 오히려 일본제국과의 강한 결속을 연출할 수 있는 선전의 기회로 삼았다.

또한 〈만주국 축전곡〉의 합창곡 3연은 일본/만주국, 독일, 이탈리아 삼국동맹국의 상황을 부각시키고 있는데, 만주국 10주년 기념일과 무슨 상관이 있는가? 만주국 행사가 동맹국 행사의 일환으로 기획되었는가? 만주국은 일본과 '하나의 심장처럼' 연결되었으므로 삼국동맹에 속함과 다름 아님을 암시한다. 음악에 어떤 다른 의도가 들어 있는지는 〈만주국 축전음악〉 악보가 발굴되지 않은 상황에서 확인할 길이 없지만, 에하라의 합창텍스트는 이 10주년 기념행사를 통해 전쟁 동맹국의 결속을 과시해 보이고자 하는 의도가 분명함을 보여준다.

12) 사진은 『조선일보』 2006년 3월 7일자 참조.

## 2. 독일-일본 동맹국 프로파간다를 위하여

만주국 기념연주회는 시기적으로 1942년 9월의 전시 상황과 매우 밀접한 관련이 있어 보이는데, 독일의 전시 상황을 잠시 살펴보자.

수도 베를린은 1941년 9월초부터 영국군의 폭격이 시작되었는데, 1941년 한 해 동안 500회 이상의 공습이 있었다고 한다.[13] 1942년 여름이 되면 독일 서북부의 대도시도 영국군의 폭격을 받지 않았던 곳이 거의 없었으므로, 독일시민의 불안이 점점 커가는 때였다.[14] 첩보원의 SD보고서에 따르면, 이미 소련과의 전쟁에서 아직 독일군이 패배한 적인 없었던 1941년 여름에 조차 독일시민들은 "독일군의 성공적 보도에 그리 환영하는 분위기가 아니"었으며, "사람들은 자주…전쟁에 관한 어두운 전망을 얘기하고 또 앞으로 얼마나 많은 의무를 져야할 지를 생각하면서 우울해하는 분위기"[15]였다. 그러다보니 독일인들 중

---

13) 堀内敬三, 「田中路子の音楽遍歴」, 『音楽の友』(1954/4), 109쪽.

14) 영국군은 1942년 7월 초 독일 북부의 도시 브레멘을 시작으로 7월 26/27일 함부르크, 8월 11-13일 마인츠, 9월 8/9일 프랑크푸르트, 9월 10/11일 뒤셀도르프에 폭탄을 퍼부었다.

15) Heinz Boberach (ed.), *Meldungen aus dem Reich 1938-1945*, 8권,

어는 (앞에서 인용되었듯이) '아리아인보다 더 아리아인'같
은 강력한 일본군이 (1941/1942년 겨울 모스크바에서 냉혹
한 후퇴를 경험한) 독일군을 위해 이제 소련을 등 뒤에서
공격해 줄 것을 기대하는 사람들이 점점 많아지고 있던 시
기였다.[16] 앞서도 언급되었지만, 1942년 봄, 히틀러가 동
맹국 이탈리아에게서 증원부대를 요청하지 않을 수 없었
을 정도로 독일군의 전투상황이 나빠진 것은 그동안 승전
소식으로 부풀어 올랐던 독일인에게 큰 충격이었을 것이
다. 독일인의 사기가 땅에 떨어져 나뒹굴 때, 동맹국에의
결속과 도움은 아무리 강조해도 지나치지 않았으리라. 히
틀러가 그 전투능력을 과대평가했던 일본군[17]의 도움이
절실한 때였다. 히틀러는 일본을 "세계적인 강대국의 반열
에 올라선 동맹국"이라고 높이 평가했던 것이다.[18]

이런 배경에서 만주국과 제국 일본을 구별하지 않는
독일인 청중의 입장에서 보면, 〈만주국 축전곡〉의 주된 메

---

p.2686.
16) 1941년 6월 독일이 독소 불가침조약을 깨고 소련을 공격한 이후,
   히틀러나 리벤트로프는 일본이 소련의 배후를 습격해주기를 바
   랐는데, (윌리암 L. 샤이러, 『제3제국의 흥망』 4권, 52쪽) 독일이
   폐허가 되어가는 1944년에도 이 기대를 버리지 못했다. Heinz
   Boberach (ed.), *Meldungen aus dem Reich 1938-1945.* p.6567.
17) 윌리암 L. 샤이러, 『제3제국의 흥망』, 4권 79쪽.
18) 알베르트 슈페어, 『기억. 제3제국의 중심에서』, 217쪽.

시지는 "영원한 평화를 위해" 노력하는 동맹국 일본제국/만주국이 있고, 이탈리아도 있으니, 독일제국이 혼자가 아니라는 의미로 들릴 것이다. 다시 말하면, 이 곡의 가사는 동맹국 일본제국/만주국이 '우리가 있으니 힘을 내시오' 라고 암시하는 음악적 격려였던 것이다.

그리고 일본의 입장에서 보면 (앞에서 서술되었듯이) 당시 독일매체에서 강조되고 있던 강인한 일본군의 이미지를 통해 높아진 일본제국의 위상을 마음껏 과시할 수 있었다. 즉 만주국의 경축 행사는 만주국 선전의 일차적인 의도가 없는 것은 아니지만, 〈에텐라쿠〉 음악이 음향적으로 암시하듯 일본제국의 선전에 이용되었다. 일본이 동맹국의 역할을 충실하게 수행할 수 있음을 상대국에게 확실하게 각인시키는 기회가 되었다. 특히 일본이 만주국을 배후조종하는 실세임은 에하라 고이치의 합창텍스트에서 명확히 드러나고 있는데, 동맹국의 결속과 지지를 위해 만주국까지 동원하는 일본제국의 파워를 선전할 수 있었던 것이다.

일본제국, 나치제국의 이해관계가 잘 맞아떨어진 만주국 건국 10주년 기념연주회는 문화영화로 만들어 보급됨으로써 그 프로파간다적 가치는 엄청나게 커졌다. 반대로 생각해보면, 이 연주회의 프로파간다적 가치가 높은 것으로 판단되어 문화영화가 만들어졌다고도 할 수 있다. 10분정도의 이 선전영화에는 〈만주국 축전곡〉의 합창부분이 클라이맥스를 이루는데, 이 순간 독일어 합창텍스트가 영상을 가득 채운다. 독일어를 아는 청중을 위한 것이다.

어쨌든 이 문화영화의 존재는 이 연주회가 독일인들에게 높은 프로파간다적 가치가 있었음을 암시하며, 작곡과 지휘를 맡은 안익태의 성공을 증명해주었다. 고노에 히데마로보다 불리한 식민지 출신의 안익태는 프로파간다적 가치가 매우 높았던 만주국 연주회를 성공적으로 이끈 후, 아리아인 증명서가 없이도 독일제국 음악협회의 회원이 될 수 있었다는 결론이다. 물론 일본 측의 도움과 후원 없이는 불가능한 일이었다.

지금까지의 서술을 결론적으로 요약해 보면 이렇다. 한편에서는 일본인을 인종적으로 차별하면서, 다른 한편에서는 1942년 초반의 독일매체에 일본군의 뛰어난 전투력이 대대적으로 보도되었다. 이로 인해 같은 해 8월 11일 첩보원 SD의 비밀 보고서에는 일본에 대한 독일시민들의 여론이 꽤 상세하게 작성되었다. 열등한 아시아인이지만, 아리아인보다 더 탁월한 성과를 보여주는 일본군인 덕분에 일본인은 "아리아인보다 더 아리아인"적인, 또는 "명예 아리아인"으로 예외적인 평가절상을 경험할 수 있었다. 이런 예외는 특히 정책적으로 또는 도그마적으로 인종문제를 의식해야하는 독일관료들, 나치당원들 입에서 자주 오르내렸다.

일본에 대한 독일인들의 유례없는 관심 속에서 9월 18일 개최되었던 만주국 10주년 기념연주회는 동맹국 일본제국의 힘을 과시하고, 동맹국의 결속을 다지는 선전행사로 이용되었다. 안익태가 지휘한 〈만주국 축전곡〉이 문화영화로 만들어지고, 특히 동맹국의 결속을 암시하는 에하라 고이치의 독일어 합창텍스트가 화면을 가득 채우는 것은 만주인들을 위한 것이라기보다 독일인들에게 전쟁에의 사기진작을 위한 의도가 있음을 보여준다.

이런 맥락에서 독일군에게 오히려 불리할 수 있는 정보를 통제하지 않고, 일본군을 치켜세우는 보도를 허락한 것도 이해될 수 있다. 전쟁에서 잔인하고 용맹하며 희생적인 일본군인 이미지는 '세계 제일'의 독일군보다 뛰어남을 암시하며 독일인의 열등감마저 자극하였음에도 독일 매체에서 통제되지 않았던 것이다. 일본이 강한 동맹국으로 선전되는 것은 독일시민에게 보내는 프로파간다적 메시지가 실보다 득이 더 컸다고 판단되었기 때문으로 사료된다.

　다른 한편, 전쟁 전의 에로틱하고 여성적인 일본 이미지는 선전 매체에서나 보고서에서도 별 문제가 되지 않았다. 인종적 측면에서 보면, 아리아인종보다 열등한 아시아족, 몽골족으로 차별을 받아왔던 재독 일본인들은 독일과의 동맹관계를 맺음으로 그 위상이 달라졌지만, 일상에서는 여전히 인종적 멸시를 감내해야 했다. 아시아인종은 원칙적으로 저열한 인종이긴 하지만, 전쟁수행에서 아리아인을 능가하는 성과를 보여주었던 일본인은 "명예 아리아인"이라는 예외를 줌으로써 인종프로파간다의 모순을 무마하고자 했다. 논리적으로 보면, 수많은 예외가 인종정책 전체를 위협할 수도 있었겠지만, 애초부터 논리는 별 중요하지 않았다. 독일에 거주하는 일본인은 멸시와 감탄을 동시에 경험할 수 밖에 없었다.[19]

---

[19] 여기서 밝혀낸 독일의 일본에 대한 공식적인 프로파간다와 정책 간의 다양한 모순, 그리고 이데올로기와 일상에서의 괴리는 보다 체계적인 일상사(Alltagsgeschichte) 연구로 진전되어야 할 것이다. 특히 나치제국의 문화프로파간다정책이라는 거대한 틀 속에서 특정한 필요에 의해 활동이 요구되었던 일본제국의 음악가들이 독일의 일상에서 어떤 문제에 부딪혔으며, 이를 통해 어떤 균열과 어긋남이 표출되었는지 등 "미시적 현상 속에 깃들어있는 제국의 문제를 포착"해 보고자 하는데, 이는 차후의 과제로 남기고자 한다. 정근식, 「식민지 일상생활연구의 의의와 과제」, 『식민지의 일상 - 지배와 균열』(서울: 문화과학사 2006), 19쪽.

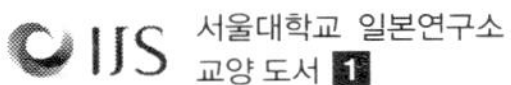
IJS
서울대학교 일본연구소
교양 도서 1

# 에필로그

- 전쟁에 지쳐 피곤한 독일관객들을 나른
- 하게 만드는 이 영상은 먼 동양의 나라로 상상의 날개를 펴도록 손짓하는 것처럼 보인다. 일본군은 '대단하다', '전투에서 뛰어나다'라는 메시지를 주는 것에 족한 것이지, 실제 잔인함을 눈으로 보게 하여 진저리를 치게 하지 않으려는 의도가 감지된다.

    2차대전시기 나치 제국의 영화관 관객은 본 영화가 상영되기 전에 항상 먼저 나타나는 전쟁 뉴스릴 〈디 도이체 보헨샤우〉를 보아야했다. 화면에 독일을 상징하는 거대한 독수리가 나타남과 동시에 나치들의 애국가인 〈호르스트 베쎌 송 (Horst-Wessel-Lied)〉의 멜로디가 팡파레처럼 뉴스릴의 시작을 알린다. 1941년 6월 22일 독일이 독소 불가침조약을 깨고 소련을 공격한 이후에는 프란츠 리스트(Franz Liszt)의 교향시 〈전주곡 (Les preludes)〉테마가 러시아전선의 승리를 상징하는 시그널로 첨가되었다.[1]

    독일관객들은 동맹체결이후 독일과 일본의 점점 가까워지는 관계를 영화관에 앉아서 학습해나갔다.[2] 일본

---

1) 알베르트 슈페어, 『기억. 제3제국의 중심에서』, 308쪽.
2) 물론 일본인이 나치제국의 뉴스 릴에 나타나는 것은 1936년 반공산주의협정이나 1938년 문화협정체결과 같이 국가적, 정치적 외교관계가 있을 때이다. 또한 1937년 중일전쟁소식도 지속적으로 보도되었다.

외무성장관 마츠오카 요스케와 히틀러의 만남, 일본과 독
일간의 동맹관계를 성사시킨 '나치스보다 더 나치스 같은'
일본대사 오시마 히로시가 전쟁 중(1941) 히틀러의 참모
만이 갈 수 있었던 베르크호프(Berghof)에서 히틀러를 방
문하는 장면. 또한 1941년 2월 재독 일본 대사 구루수  사
부로(来栖三郎)가 사임할 때에도 히틀러가 공식적으로 모
습을 드러내면서 직접 악수하는 장면은 독일관객에게 일
본의 위상이 어떤지를 알게 해주는 것이었다.

동맹국  일본의  중요성은  양적으로도  나타나는데,
1942년 3월 4일 〈디 도이체 보헨샤우〉[3])에서는 일본군의
태평양 전쟁 소식을 11분간에 걸쳐서 보도한다. 지도가
화면에 나오고 일본 아래로 동남아시아의 섬들과 나라들
이 보인다. 일본군이 점령한 지역 순서대로 도쿄에서 동
남아시아의 지역으로 화살표가 수없이 뻗어가며 영상을
어지럽게 채운다. 필리핀, 홍콩, 싱가포르, 버마, 타일랜
드, 보르네오, 마카사르, 뉴기니, 솔로몬제도, 자바, 수마
트라 등에 일본 황기가 꽂힌다. 엄밀하게 보면, 이 보도는

독일  연방문서보관소자료  http://www.bundesarchiv.de/imperia/
md/content/bundesarchiv_de/recherche/findbuch_wochenschauen_d
okumentarfilme.pdf 참고.
3) Die Deutsche Wochenschau No. 600 (www.youtube.com에서 볼
수 있다.)

여기까지가 정보의 핵심이다. 2분이면 족한 내용이다.

그 이후에 오는 영상은 직접 전선의 전투소식과는 거의 관련이 없는 이국적 도시의 풍경을 보여준다. 마닐라의 증권가와 홍콩의 차이나타운, 방콕의 탑과 사원이 보이고, 평온한 거리의 사람들을 담고 있다. 음악은 한 술 더 떠서 이국적인 동양적 톤을 가미한 오케스트라 음악인데, 경쾌하고 흥겨운 분위기를 자아낸다. 잠시 나오는 일본군이 비스듬히 엎드려 총을 겨냥하고 있는 장면도 밝고 신나는 배경음악으로 마치 게임이나 유희처럼 명랑한 분위기이다. 피 흘리고 죽은 적군 시체의 모습이나 잔인한 전쟁의 현실은 거의 볼 수 없다. 전장의 긴박한 소식, 적군의 희생자 수나 정치적, 군사적 정보가 아니라, 엉뚱하게 타일랜드 군인의 퍼레이드 장면처럼 일본군에게 점령당하기 전의 풍광도 보인다.

물론 당시는 지금처럼 영상을 파일로 바로 전송할 수 없었으므로, 실제 전장의 현지 영상을 충분하게 구하기가 힘들었던 것도 이해가 된다. 하지만 자료영상이 부족함에도, 이렇게 눈에 두드러질 정도로 전쟁과 직접 관련 없는 화면을 길게 늘어 놓아야 할 필요가 있었을까.

1942년 100만 명 이상 독일군 사상자가 났던 독일전 시상황과 일본프로파간다를 염두에 두고 이 뉴스릴영상이 독일관객에게 미칠 선전적 효과를 생각해보면, 엑조틱한 영상과 음악은 전쟁을 미화하려는 의도로 보인다. 안 그래도 독일군이 처참한 꼴을 당한 동부전선의 전투 상황은 독일시민들을 긴장시키고 불안하게 했던 때였다. 독일시민에게 일본군의 소식을 통해 전쟁의 잔인함을 상기시키는 것은 역효과를 낳을 수 있었으리라. 전쟁에 지쳐 피곤한 독일관객들을 나른하게 만드는 이 영상은 먼 동양의 나라로 상상의 날개를 펴도록 손짓하는 것처럼 보인다. 일본군은 '대단하다', '전투에서 뛰어나다'라는 메시지를 주는 것에 족한 것이지, 실제 잔인함을 눈으로 보게 하여 진저리를 치게 하지 않으려는 의도가 느껴진다. 한 걸음 더 나아가 비현실적인 곳에 마음을 빼앗기게 되니 기분전환이 될 수 있었다. 전투상황의 뉴스보도가 독일시민을 위한 '기분전환용' 프로파간다로 이용될 수 있음을 보여주는 대목이다.[4]

하지만, 그 이후 〈디 도이체 보헨샤우〉에서 다루는 일본군 뉴스가 모두 이런 식의 보도형태라는 말은 아니

---

4) 일본제국도 중일전쟁 중 뉴스영화를 보급했는데, 전쟁뉴스영화가 "흥행가치"가 높았던 것 같다. 竹山昭子, 「メデイア・イベントとしてのニュース映画」, 有山輝雄(編), 『戦時期日本のメデイア・イベント』, 世界思想社 1998, 80쪽.

다. 1942년 11월 4일 뉴스릴 (No. 635)에서는 전황보도의 성
격에 어울리게 펄 하버 공격이후 11개월 동안 일본군이 격
투시킨 미해군의 손실을 2분정도로 짧고 일목요연하게 보
도한다. 미해군의 전투함 7척, 전투기캐리어 12척, 군함 17
척, 구축함 13척, 유보트 6척을 격파했다는 정보를 한눈에
알 수 있게 그림표로 나열해 보여주고, 현장감이 도는 전투
장면으로 마무리한다. 물론 일본군의 손실에 대해서는 아무
런 정보도 제공하지 않는다. 1942년 6월 미드웨이(Midway)
전투에서 일본해군의 전투기캐리어 4척이 미군에 의해 격
침되고, 수많은 전투기와 뛰어난 지휘관과 장병들을 잃는
등 엄청난 타격을 입었지만, 이에 대해서는 일언반구 없다.
일본군이 "인간과 물질의 가차 없는 투입"(뉴스릴 No. 635)
을 통해 최고의 성과를 내었다고 강조할 뿐이다.

　　일본에 대한 관심은 1943년 상반기에 더 강해지는데, 2
월부터 5월까지 매달 1회꼴로 일본소식을 전한다.[5] 하지만

---

5) 1943년 2월 3일 (No. 648) 뉴스릴에는 독일-일본의 경제협약 체
　　결이 보도되는데, 일본대사 오시마 히로시가 서명하는 장면이
　　보인다. 3월 10일 (No. 653) 뉴스릴에는 일본군이 중국의 윈난
　　(雲南)과 샨시(山西)를 공격한 소식이, 4월 14일(No. 658)에는 일
　　본군이 뉴기니에 쳐들어 간 소식, 1943년 5월 13일 (No. 662)은
　　일본군의 버마전투장면을 짧게 보도한다.
　　독일 연방문서보관소자료 http://www.bundesarchiv.de/imperia/md
　　/content/bundesarchiv_de/recherche/findbuch_wochenschauen_

그 후 1년간은 독일뉴스릴에서 일본소식은 거의 보이지 않다가, 다시 1944년 5월 31일 (No. 717)에 일본군의 미 함대 공격 소식이 보도된다. 어딘가에서 탈취했다는 미국 뉴스릴 영상을 보여주는데, 미군함대가 뉴기니에 도착하여 군인들이 하선하는 도중에 일본 공군이 미군을 공격했다는 아나운서의 해설이 나온다.

이때는 동맹 주축국 중 이탈리아군이 이미 연합군에게 항복했고, 독일군도 일본군도 이제 더 이상 반전의 희망을 가지기 힘든 절망적인 상황에 접어들었던 시기였다. 그럼에도 아나운서는 일본군의 기세가 여전한 듯 미국 뉴스릴을 인용하여 긴장감 넘치는 해설로 보도하고 있다. 하지만, 프로파간다의 위력은 실제 현실이 뒷받침될 때 최대로 발휘할 수 있다. 패망이 눈앞에 보일 때, 그 어떤 멋진 프로파간다도 소용이 없었다. 결국 이 보도는 독일 뉴스릴에서 다루는 마지막 일본군 소식이 되고 만다.[6]

dokumentarfilme.pdf 참고.
6) 이로부터 2개월 후 1944년 7월, 히틀러에 대한 암살시도가 뉴스릴에 보도되고 무너지는 독일제국의 뉴스릴은 1945년 3월 22일 755회로 정기적 제작을 마감한다. 1945년 4월 30일 히틀러의 자살과 더불어 나치의 프로파간다 제국은 무너지고 만다.
http://www.bundesarchiv.de/imperia/md/content/bundesarchiv_de/recherche/findbuch_wochenschauen_dokumentarfilme.pdf 참고.

책을 쓰면서 내내 미루어 두었던 질문이 있다. 나치제국의 프로파간다를 모방하고 배웠던 일본제국의 매체에서 독일을 어떤 식으로 선전하고 이용했을까 하는 물음이다. 예를 들면, 1938년 8월 히틀러유겐트(Hitler jugend) 단원 30명이 약 3개월간 일본을 방문하였을 때, 일본의 각 신문 잡지매체에서는 "히틀러유겐트 붐"이 일어났다고 해도 좋을 정도로 대대적으로 보도하였다.[7) 일본측이 히틀러에 충성하는 독일청소년의 뛰어남을 어떤 식으로든 일본군 교육에 이용했으리라 쉽게 추측할 수 있는 대목이다. 다른 한편, 1940년 10월 25일 식민지 조선의 『매일신보』에 독일 청소년지도자 일행이 이왕직아악부를 방문하고 "분데르바(wunderbar=훌륭하다)"를 연발했다는 보도가 있는데, 일본 매체에 선전되는 독일의 이미지는 식민지 조선에도 고스란히 영향을 미쳤으리라 사료된다.

일본에서 히틀러와 히틀러유겐트 그리고 독일군은 어떤 식으로 선전되었는가? 재일 독일인은 전시에 어떤 대우를 받았는가? 또 나치를 피해 일본으로 피난 온 독일유대계 망명인은 전쟁과 함께 어떤 차별을 받았는가? 많은 물음이 있지만, 이에 대해서는 다음 기회에 서술하고자 한다.

---

7) 佐藤卓己, 「ヒトラーユーゲントの来日イベント」, 有山輝雄(編), 『戦時期日本のメデイア・イベント』, 世界思想社 1998, 53쪽.

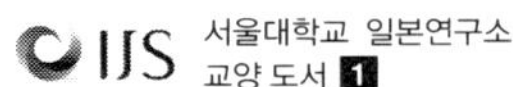
IJS
서울대학교  일본연구소
교양 도서 1

# 참고문헌

공제욱/정근식(편), 「식민지 일상생활연구의 의의와 과제」,
　　　『식민지의 일상 - 지배와 균열』, 서울: 문화과학사 2006.

노동은, "만주음악연구-만주국의 근대 음악정책을 중심으로",
　　　『근대의 문화지리 동아시아 속의 만주/만슈』(동국대
　　　학교 문화학술원 한국문학연구소 2007. 2. 2.-3. 학술
　　　대회 자료집).

데이비드 웰시(최용찬 옮김), 『독일 제3제국의 선전정책(원제
　　　The Third Reich: Politics and Propaganda)』(혜안:서울
　　　2000).

알베르트 슈페어, 『기억. 제3제국의 중심에서』(김기영 옮김),
　　　마티 2007.

야마무로 신이치(윤대석 역), 『키메라. 만주국의 초상(キメ
　　　ラー滿州国の肖像)』(서울: 소명출판 2009).

윌리엄 L. 샤이러(유승근 옮김), 『제3제국의 흥망』(서울: 에디
　　　터 출판사 1993).

이경분, 『망명음악 나치음악』(서울: 책세상, 2004).

　　　, 『잃어버린 시간 1938-1944. 안익태의 숨겨진 삶을 찾
　　　아서』(서울: 휴머니스트, 2007).

　　　, 「나치독일과 일본제국의 음악문화교류 - 제2차 세계
　　　대전시기 독일에서 활동한 일본음악가」, 『일본비평』

2호 (서울: 그린비, 2010).

송병욱, "안익태의 알려지지 않은 두 작품", 《객석》 2006년
	3월호, 86-89쪽.

최창모, 『기억과 편견 - 반유대주의의 뿌리를 찾아서』(서울:
	책세상 2004).

한석정/임성모, 「쌍방향으로서의 국가와 문화: 만주국판 전
	통의 창조, 1932-1938」, 『한국사회학』 제35집 (2001).

柳原吉兵衛에게 보낸 이애내의 편지 1934. 2. 14 일자. (모모야
	마학원 문서보관소 제공)


堀内敬三, 「田中路子の音楽遍歴」, 『音楽の友』 1954/4, 106-111.

近衛秀麿, 「兄・文麿の死の蔭に」, 『文藝春秋』 第20巻 第4号(1952
	年3月)

大野芳, 『近衛秀麿。日本のオーケストラをつくった男』, 講談
	社 2006.

梶野 絵奈(編著), 『貴誌康一と音楽の近代ーベルリン・フィルを指
	揮した日本人』, 青弓社 2011.

邦正美, 『ベルリン戦争』, 朝日新聞社, 1993

松田ふみこ, 「近衛秀麿氏を訪ねて」, 『音楽の友』 1950/3, 40-44.

岩野裕一, 『王道楽土の交響曲。満州 知られざる音楽史』, 音楽
	之友社 1999.

野村光一, 「"新しき土"とその音楽」, 『音楽評論』 1937/3, 34-35.

佐藤卓己,『ヒトラーユーゲントの来日イベント」, 有山輝雄
　　(編),『戦時期日本のメデイア・イベント』, 世界思想社
　　1998, 53-69쪽.
竹山昭子,「メデイア・イベントとしてのニュース映画」, 有
　　山輝雄(編),『戦時期日本のメデイア・イベント』, 71-89쪽.
德永康元,『プダペスト日記』, 新宿書房 2004.


Aster, Misha, *Das Reichsorchester - Die Berliner Philharmoniker
　　und der Nationalsozialismus.* (München: Siedler, 2007).

Boberach, Heinz (ed.), *Meldungen aus dem Reich 1938-1945:
　　Die geheimen Lageberichte des Sicherheitsdienstes der
　　SS* (Herrsching 1984).

Friese, Eberhard, "Das deutsche Japanbild 1944 - Bermerkungen
　　zum Problem der auswärtigen Kulturpolitik während des
　　Nationalsozialismus", Kreiner, Josef (ed.), *Deutschland-
　　Japan: historische Kontakte.* (Bonn 1984).

Haasch, Günther/Kloepfer, Albrecht (ed.), *Japan-Deutschland
　　Wechselbeziehungen III. Ausgewählte Vorträge der
　　Deutsch-Japanischen Gesellschaft Berlin 1991-1994.* (Berlin
　　2000).

Hamburger Edition, *Verbrechen der Wehrmacht. Dimensionen
　　des Vernichtungskrieges 1941—1944* (Hamburg: Verlag

des Instituts für Sozialforschung 2002).

Lansch, Enrique Sánchez, *Das Reichsorchester - Berliner Philharmoniker* (DVD) 2007.

Mathias-Pauer, Regine, "Deutsche Meinungen zu Japan - Von der Reichsgründung bis zum Dritten Reich". Kreiner, Josef (ed.), *Deutschland-Japan: Historische Kontakte* (Bonn 1984).

Muck, Peter(ed.), *Einhundert Jahre Berliner Philharmonisches Orchester, Darstellung in Dokumenten* Bd. 3 (Tutzing 1984).

Pohle, Heinz, *Der Rundfunk als Instrument der Politik* (Hamburg 1955).

Schwarz, Gudrun, "Siegfried und Brunhild - ein Herrenmeschenpaar. Ein Beitrag zur Geschlechtergeschichte", Saul Friedländer/ Jörn Rüsen, *Richard Wagner im Dritten Reich* (München 2000).

Wilhelm, Kurt, *Richard Strauss persönlich. Eine Bildbiographie* (Henschel 1999).

Witte, Karsten, "Film im Nationalsozialismus. Blendung und Überblendung", W. Jacobsen/A. Kaes/H. H. Prinzler (Hg.), *Geschichte des deutschen Films* (Weimar/Stuttgart 1993).

Wulf, Joseph, *Musik im Dritten Reich. Eine Dokumentation*

(Gütersloh 1963).

Wulf, Joseph, *Presse und Funk im Dritten Reich* (Gütersloh 1964).


*독일 연방문서 보관소 (코블렌츠)의 자료:

R64IV/30,

R64IV/31,

R64IV/63,

R64IV/90,

R64IV/180,

R64IV/193

R64IV/210,

독일연방문서보관소 인터넷공개자료:

http://www.bundesarchiv.de/imperia/md/content/bundesarchiv
_de/recherche/findbuch_wochenschauen_dokumentarfilme.pdf


〈영상자료〉

春に/Im Frühling (貴志康一/Wilhelm Prager 감독, 1933)

鏡/Spiegel (貴志康一/Wilhelm Prager 감독, 1933)

Die Deutsche Wochenschau No. 545, 547, 548, 600, 635, 648, 653, 658, 662, 717.

"Festliches Konzert zur Zehnjahrfeier der Reichsgründung Mandschoutikou" (만주국 건국 10주년 기념 문화영화 16mm 필름, 길이 85m, 흑백 영화)

〈그림출처〉

〈그림 1〉 1942년 3월 12일. 비인에서 안익태가 지휘하는 모습. (비인 심포니 오케스트라 문서보관소 제공)

〈그림2〉 1943. 7. 24. 안익태의 제국음악협회 회원증 (베를린 독일연방문서보관소 제공)

〈그림3〉 1943. 2. 11. 비인연주회프로그램 (비인 심포니 오케스트라 문서보관소 제공)

*이 책의 내용은 논문 「'열등한' 일본인과 '신비화'된 일본제국: 나치제국의 이데올로기와 프로파간다의 간극에 대하여」(『국제 지역연구』 제19권 4호, 서울대학교 국제학연구소, 2010년, 69-96쪽)를 대폭 수정 보완한 것임을 밝힌다.

저자 ▌ 이경분

현재 서울대학교 일본연구소 HK연구교수로 재직하고 있다. 부산대학교 독어교육과 졸업 후, 독일 마르부르크 대학교에서 독일의 망명문학에 관한 연구로 독문학 석사를 취득하고, 동대학교에서 망명음악 연구논문으로 음악학 박사를 취득하였다. 서울대학교, 한국예술종합학교, 한양대학교 강사, 도쿄대학 객원연구원을 역임했다. 나치독일과 일본제국의 음악문화 교류 및 프로파간다의 비교연구(라디오, 뉴스 릴 등 매체), 일본 음악문화에 미친 유럽 망명음악가들의 영향, 일제 식민지 시기 재조일본인과 일본 양악문화의 영향 그리고 윤이상과 일본인의 관계에 관심이 있다.

저서로는 『Musik und Literatur im Exil』(2001), 『망명음악 나치음악』(2004), 『잃어버린 시간 1938-1944. 안익태의 숨은 삶을 찾아서』(2007), 『프로파간다와 음악 - 나치방송정책의 '낭만적 모더니즘'』(2009), 논문으로 「나치제국과 일본제국의 음악문화교류」(2009), 「'열등한' 일본인과 '신비화'된 일본제국」(2010), 「일제 시기 서양음악문화와 일본인의 영향」(2011), 「망명음악가 윤이상」(2011) 등이 있고, 역서로는 『요한 세바스찬 바흐 2(크리스토프 볼프 저)』(2007)가 있다.

IJS 서울대학교 일본연구소
교양 도서 **1**

# 나치독일의 일본 프로파간다


**초판인쇄**  2011년  07월  23일
**초판발행**  2011년  07월  30일

**기    획**  서울대학교 일본연구소
**저    자**  이경분
**발 행 처**  제이앤씨
**발 행 인**  윤석현
**등    록**  제7-220호

**주    소**  서울시 도봉구 창동 624-1 북한산현대홈시티 102-1206
**전    화**  (02)992-3253(대)
**전    송**  (02)991-1285
**전자우편**  jncbook@hanmail.net
**홈페이지**  http://www.jncbms.co.kr
**책임편집**  김진화 한새벽





ISBN 978-89-5668-862-6 04910          **정가** 6,000원